※ 이 책을 만드는 데 도움을 주신 과학 교사 모임 STEAM교육연구회 회장이며 북내초등학교 운암분교장에 계신 서원호 선생님, 수학교육학 박사 박현정 선생님, 매실고등학교 국어 교사 김진영 선생님께 감사드립니다.

교과서 속 한자 뜻을 콕콕 짚어 알려 주는
초등 한자력 사전

초판 1쇄 발행 2018년 6월 1일 **\ 초판 3쇄 발행** 2019년 3월 1일
지은이 기획집단 MOIM **\ 그린이** 조양순 **\ 펴낸이** 이영선 **\ 편집 이사** 강영선 김선정
주간 김문정 **\ 편집장** 임경훈 **\ 편집** 김종훈 이현정 **\ 디자인** 정경아
독자본부 김일신 김진규 김연수 정혜영 박정래 손미경 김동욱

펴낸곳 파란자전거 **\ 출판등록** 1999년 9월 17일(제406-2005-000048호)
주소 경기도 파주시 광인사길 217(파주출판도시) **\ 전화** (031)955-7470 **\ 팩스** (031)955-7469
홈페이지 www.paja.co.kr **\ 이메일** booksea21@hanmail.net

© 2018, 기획집단 MOIM
ISBN 979-11-88609-08-6 73710
값 13,900원

이 도서의 국립중앙도서관 출판예정도서목록(CIP)은 서지정보유통지원시스템 홈페이지(http://seoji.nl.go.kr)와 국가자료공동목록시스템(http://www.nl.go.kr/kolisnet)에서 이용하실 수 있습니다.(CIP제어번호: CIP2018013767)

파란자전거는 도서출판 서해문집의 어린이 책 브랜드입니다. 페달을 밟아야 똑바로 나아가는 자전거처럼 파란자전거는 어린이와 청소년이 혼자 힘으로도 바르게 설 수 있도록 도와줍니다.

어린이제품안전특별법에 의한 제품 표시
제조자명 파란자전거 **\ 제조년월** 2019년 2월 **\ 제조국** 대한민국 **\ 사용연령** 만 8세 이상 어린이 제품

한자 뜻을 콕콕 짚어 알려 주는
교과서 속
초등 한자력 사전

기획집단 MOIM 지음
조양순 그림

파란자전거

> 지은이의 말

한자 뜻 알면,
공부가 즐거워요!

안녕하세요?
초등학교 친구 여러분!
우리말 그리고 한글은 세계 어느 나라 말과 글에 견주어도 뛰어난 언어랍니다. 그래서 우리말과 한글만으로도 일상생활을 하는 데는 전혀 어려움이 없지요. 그런 까닭에 벌써 몇십 년 동안 우리나라에서는 '한글 전용(專用)', 즉 오로지 한글만을 사용하고 있답니다.
그런데 한글만을 사용하다 보니 약간의 문제가 발생하기 시작했어요.
한글은 그 자체로 뜻을 품고 있지 않은 글자랍니다. 반면에 우리나라에서 사용하는 단어 가운데 많은 부분이 한자어에서 비롯된 것이지요. 특히 학문과 관련한 단어에는 한자어로 그 뜻을 나타내는 경우가 많답니다. 그러다 보니 읽고 쓰는 데는 어려움이 없지만 뜻을 이해하는 데는 어려움을 겪고 있습니다.
예를 들어 볼까요?

초등학교 사회 과목에서 배우는 단어 가운데 등온선, 등압선, 등고선이 있습니다. 이 단어들에 들어가는 '등'은 모두 한자 '等(같을 등)'으로 '같다'는 뜻입니다. 그리고 '온(溫, 기온 온, 따뜻할 온)', '압(壓, 누를 압)', '고(高, 높을 고)'는 각기 '기온', '압력', '고도(높이)'를 뜻할 때 사용하는 글자들이지요. 그래서 등온선(等溫線)은 '기온이 같은 곳끼리 연결해서 만든 선'이랍니다. 등압선(等壓線)은 '압력이 같은 곳끼리 연결해서

만든 선'이고, 등고선(等高線)은 '높이가 같은 곳끼리 연결해 만든 선'을 말합니다.
이렇게 기본적인 한자를 알면 단어만 보아도 그 뜻을 알 수 있지요. 여러 가지 단어들 사이의 연관성도 알 수 있고요.
그렇지만 한자의 뜻을 전혀 모르면 이런 단어들을 각각 외워야 하지요. 그러다 보면 배우는 데도 어려움을 겪게 됩니다. 여러 단어들 사이의 연관성도 알 수 없으니 공부의 즐거움도 느끼기 힘들고요.
그래서 우리말의 아름다움과 소중함을 지키면서 우리 조상들이 오래전부터 사용해 온 한자 뜻들을 아는 것도 중요합니다.

이 책은 여러분이 학교에서 배우는 교과서에 등장하는 낱말들 가운데 한자어로 이루어진 것들의 뜻을 알려 드립니다. 한자어로 이루어진 낱말들의 본뜻을 알게 되면 모든 용어를 외우지 않아도 이해할 수 있답니다. 또 새로운 낱말들이 등장할 때도 한자의 뜻을 미루어 짐작할 수 있지요.

여러분이 이 책을 통해 교과서에서 배우는 여러 개념들을 더 쉽고 깊이 있게 이해할 수 있기를 바랄게요. 덧붙여 우리말의 소중함과 아름다움을 절대 잊어서는 안 된다는 사실도 기억하세요.

[구성과 사용법

《초등 한자력 사전》
이렇게 사용하세요!

1 한자 익힘 참고서가 아니에요

《초등 한자력 사전》은 초등학교 교과서에 등장하는 학술 용어의 한자 뜻을 살펴봄으로써 그 용어를 쉽게 이해할 수 있도록 꾸민 교과서 보조 교재입니다.

2 한자 책이지만 한자 쓰기가 없어요

오늘날 한자는 읽고 이해하면 되는 문자입니다. 그런데 한자를 읽지도 못하는 어린이들에게 한자 쓰기를 가르치는 경우가 많습니다. 이 책을 이용하는 분들은 한자를 읽고 그 뜻을 이해하는 즐거움을 누리기 바랍니다.

3 하나의 한자(漢字)에는 여러 뜻이 있어요

한자는 글자 자체로 뜻을 품고 있는 문자입니다. 하나의 한자에 뜻이 여러 개인 경우가 대부분이지요. 그렇기 때문에 용어마다 같은 한자가 쓰였어도 그 뜻은 다를 때가 많습니다. 이 책에 나오는 올림말의 한자는 그때마다 적절한 뜻과 소리를 실음으로써, 한자의 다양한 뜻과 사용된 용어마다 적절한 뜻을 찾아 적용할 줄 아는 힘을 길러 줍니다.

4 교과서는 바뀌어도 핵심 용어는 바뀌지 않아요

초등학교 교과서는 지속적으로 수정, 보완되고 있습니다. 그러나 초등학교 교과 과정에서 배우는 내용들은 크게 바뀌지 않아요. 이 책에 등장하는 용어의 출처(과목, 학년, 단원 등)는 새로운 교과서와 다를 수 있지만, 교과 과정의 핵심 용어들을 모두 수록하고 있으므로 그 출처에 얽매이지 말고 즐겁게 읽고 익히다 보면 학년이 올라가고, 중학교에 진학한 후에도 큰 도움이 됩니다.

5 하나의 단어 뜻보다는 원리의 이해가 중요해요

이 책에 등장하는 올림말과 중요한 용어들은 〈찾아보기〉에 모두 수록되어 있습니다. 그러나 〈찾아보기〉를 통해 필요한 단어만 찾아 공부하도록 권하지 않습니다. 책을 처음부터 읽어 나가면서 각 단어의 뜻은 물론이고 연관된 용어들을 모아 스토리텔링 방식으로 엮은 〈톺아보고 모아 읽기〉를 함께 읽음으로써 원리와 유래, 한자의 활용 등을 알게 되면 개념이 더욱 뚜렷해지고, 공부는 점점 즐겁고 쉬워집니다.

6 어려운 한자, 꼭 외우지 않아도 돼요

초등학교 교과서에 등장하는 용어에도 난이도가 높은 한자가 자주 쓰입니다. 이는 학술 용어가 갖는 특징 때문입니다. 따라서 이 책에 나오는 모든 한자를 반드시 쓸 줄 알고 외워야 하는 것은 아닙니다. 다만 특정 용어가 어떤 뜻인지 알려면 한자의 뜻을 아는 것이 바람직하므로 한자 뜻을 보고 용어를 이해하면 됩니다. 용어를 이해하는 힘이 커지면 그만큼 아는 한자도 쌓여 갑니다.

지은이의 말
한자 뜻 알면, 공부가 즐거워요! … **04**

구성과 사용법
《초등 한자력 사전》 이렇게 사용하세요! … **06**

3학년 1학기 … **12**
3학년 2학기 … **16**
4학년 1학기 … **19**
4학년 2학기 … **23**
5학년 1학기 … **29**
5학년 2학기 … **37**
6학년 1학기 … **46**
6학년 2학기 … **55**

3학년 1학기 … **66**
3학년 2학기 … **77**
4학년 1학기 … **82**
4학년 2학기 … **92**
5학년 1학기 … **98**
5학년 2학기 … **112**
6학년 1학기 … **140**
6학년 2학기 … **174**

차례

國語
국어

數學
수학

3학년 1학기 … 218
3학년 2학기 … 220
4학년 1학기 … 222
4학년 2학기 … 225
5학년 1학기 … 228
5학년 2학기 … 237
6학년 1학기 … 242
6학년 2학기 … 247

3학년 1학기 … 184
3학년 2학기 … 187
4학년 1학기 … 190
4학년 2학기 … 193
5학년 1학기 … 199
5학년 2학기 … 205
6학년 1학기 … 210
6학년 2학기 … 212

찾아보기
250

教子採薪

가르칠 교 **아들 자** **캘 채** **땔나무 신**

교자채신 자식에게 땔나무 캐 오는 법을 가르치라는 뜻입니다. 무슨 일이든 장기적인 안목을 가지고 근본적인 방법을 알려 주라는 뜻이지요. 과학을 공부할 때도 단어를 무작정 외우기보다는 한자의 뜻을 알고 단어의 개념을 잘 파악해야만, 과학의 원리에 쉽게 접근할 수 있고 좀 더 깊이 있는 과학을 공부할 수 있답니다.

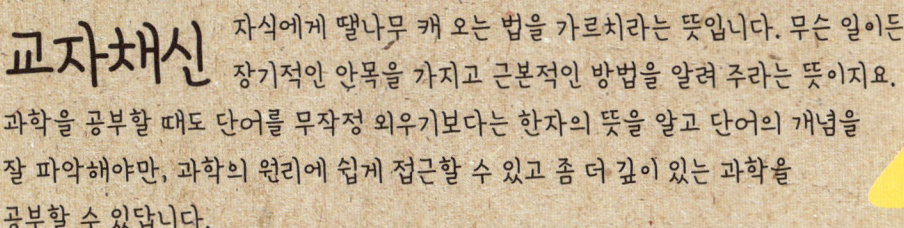

3학년 1학기 1. 과학자는 어떻게 탐구할까요?

탐구 探究 찾을 탐 연구할 구   어떤 것에 대해 해답을 찾고 연구하는 것.

관찰 觀察 볼 관 살필 찰   어떤 것을 보고 살피는 것.

관찰을 위해서는 눈으로 보거나 코로 냄새를 맡거나 귀로 듣거나 입으로 맛을 보거나 만져서 확인하는 행동이 필요합니다.

측정 測定 잴 측 정할 정   재서 정하는 것.

과학자는 자연 현상이나 물질에 대해 연구하는 사람을 말합니다. 그렇다면 과학자들은 어떻게 연구를 할까요?

과학자들이 하는 연구 활동을 가리켜 탐구라고 합니다. **탐구**(探究)는 어떤 현상이나 물질에 대한 해답을 찾기 위해 연구하는 것이지요.

탐구를 위해 과학자들은 우선 **관찰**(觀察)을 합니다. 탐구하고자 하는 것을 꼼꼼히 살펴보는 것이지요. 우리도 무언가를 알고자 하면 우선 그걸 꼼꼼히 살펴보아야 하잖아요.

그런 다음에는 **측정**(測定)을 합니다. 직접 재 보고 만져 보면서 탐구하고자 하는 대상에 대해 자세히 알고자 하는 것이지요.

예상(豫想)은 관찰이나 측정을 통해 알게 된 것을 바탕으로 앞으로 어떤 일이

예상	豫想 미리 예 · 생각할 상	미리 생각해 보는 것.
분류	分類 나눌 분 · 종류 류	종류별로 나누는 것.
추리	推理 헤아릴 추 / 추측할 추 · 이치 리	이치를 헤아려 추측하는 것.
의사소통	意思疏通 뜻 의 · 생각 사 · 틀 소 · 통할 통	뜻과 생각을 여럿이 서로 트고 통하는 것.

톺아보고 모아 읽기

일어날지 생각해 보는 것이에요.

분류(分類)는 탐구한 것들의 같은 점(공통점)은 무엇이고 다른 점(차이점)은 무엇인지를 살핀 후, 같은 것은 같은 것끼리 모으고 다른 것은 다른 것끼리 모으는 것입니다.

추리(推理)는 관찰한 결과나 측정한 것 등을 바탕으로 무슨 일이 일어날지 알지 못하는 것들을 생각해 보는 것입니다.

의사소통(意思疏通)은 내 생각이나 뜻을 다른 사람과 이야기하고 토의하는 것입니다.

이렇게 다양한 과정을 거쳐 과학자들은 어떤 현상이나 물질에 대해 탐구한 결과를 발표한답니다.

3학년 1학기 2. 물질의 성질

물체 物體
만물 물 / 모양 체

모양을 가지고 있는 세상 모든 물건.

물체는 모양과 쓰임새를 갖추고, 일정한 공간을 차지하고 있는 물건을 이릅니다. 옷, 신발, 가방, 연필, 책, 자동차 등 우리가 사용하는 대부분의 물건이 물체인 셈이지요.

물질 物質
만물 물 / 바탕 질 / 성질 질

물체의 바탕을 이루는 것.

물질은 물체를 만드는 재료를 이릅니다. 그러니까 연필은 (나무라는 물질) + (흑연이라는 물질)로 이루어진 물체지요. 또 자동차는 플라스틱, 고무, 강철, 유리 등 수많은 물질로 이루어진 물체입니다.

3학년 1학기 3. 동물의 한살이

03

부화 孵化
알 깔 **부**　변할 **화**
알을 까고 나와 애벌레나 새끼가 되는 것.

곤충 昆蟲
벌레 **곤**　벌레 **충**
곤충이라는 이름의 동물을 이르는 단어.

톺아보고 모아 읽기

충(蟲)은 '벌레'를 뜻하는 한자예요. 그래서 이 글자가 들어가는 동물들은 대부분 작고 하등한 것들이지요. **곤충**(昆蟲)은 두 쌍의 날개와 세 쌍의 다리를 갖고 머리, 가슴, 배의 세 부분으로 이루어진 동물입니다.

곤충은 알에서 **부화**(孵化)한 후 애벌레가 되고, 번데기를 거쳐 어른벌레가 된답니다. 이렇게 알―애벌레―번데기―어른벌레의 네 단계를 '곤충의 한살이'라고 합니다. 이때 번데기를 거치는 것을 완전 탈바꿈, 번데기를 거치지 않고 애벌레에서 어른이 되는 것을 불완전 탈바꿈이라고 합니다.

식물에도 한살이가 있는데요. 씨가 싹을 틔우고 자라 꽃을 피운 다음 열매를 맺어 다시 씨를 만들고 죽기까지의 과정을 말한답니다.

> 나는 새벽에 태어나서 점심때 어른이 되고 저녁때 늙어 죽으니 한살이가 고작 하루밖에 안 되네. 흑흑!!!

> 야, 곤충에는 내가 들어간다고. 머리, 가슴, 배의 세 부분으로 이루어져 있으니 글자도 세 번 들어가는 거야.

> 나는 100년을 넘게 살았는데 아직도 경로석에 못 앉아. 휴, 노인 되는 것도 힘들구나.

> 나는 '벌레 충'이다. 무섭지?

04 3학년 1학기 4. 자석의 이용

자석 磁石
자석 자 / 돌 석
쇠를 끌어당기는 것.
쇠를 끌어당기는 성질을 띤 물체를 이릅니다.

자석의 극 ―極
끝 극
자석의 양쪽 끝부분.

나침반 羅針盤
그물 나 / 바늘 침 / 받침 반
그물 모양 위에 바늘을 설치한 받침 모양의 용기.

05 3학년 2학기 1. 동물의 생활
3학년 2학기 4. 소리의 성질

멸종 滅種
멸망할 멸 / 씨 종 / 혈통 종
생물의 한 종류가 아주 없어짐.

멸종은 생물의 한 종류가 지구상에서 완전히 사라지는 거예요. 그러니 멸종된 생물은 더 이상 되살릴 수가 없지요. 지금 이 순간에도 지구상에서는 많은 생물이 멸종되고 있다고 해요. 그러니 귀한 생물을 지키기 위한 노력을 게을리하면 안 되겠지요?

자(磁)는 **자석**을 뜻하는 한자랍니다. 그래서 이 글자가 들어가면 대부분 자석과 관련이 있지요.

극(極)은 물체의 끝을 뜻할 때 자주 사용합니다. 그래서 지구의 북쪽 끝은 **북극**(北極, 북쪽 북, 끝 극), 남쪽 끝은 **남극**(南極, 남쪽 남, 끝 극)이라고 하지요. 그래서 지구상에서 가장 큰 자석은 바로 지구랍니다.

당연히 자석의 양쪽 끝도 '극(極)'이라고 하고요. 자석의 극 부분은 다른 부분에 비해 쇠를 잡아당기는 힘이 더 강하답니다. 그래서 자석에 클립을 가까이 가져가면 극 부분에 가장 많이 붙습니다.

자석의 극 가운데 북쪽을 N극이라고 합니다. 빨간색으로 칠해 있지요. 반대편인 남쪽은 S극이라고 하고 파란색이랍니다.

나침반(羅針盤)은 한자로 '그물 모양 위에 바늘을 설치한 받침 모양의 용기'를 이릅니다. 나침반의 침(針), 즉 바늘은 자석을 이용해 만들었기 때문에 늘 같은 방향, 즉 북극과 남극을 가리킵니다. 그래서 나침반은 지구상 어디에서건 방향을 찾을 때 사용한답니다.

청진기	聽診器	귀로 들으면서 진찰하는 도구.
	들을 청　진찰할 진　도구 기	

보청기	補聽器	듣는 것을 도와주는 도구.
	도울 보　들을 청　도구 기	

톺아보고 모아읽기

청(聽)은 '듣는다'는 뜻의 한자예요. 그래서 이 글자가 들어가면 '듣는 것'과 관련이 있답니다.

청진기(聽診器)는 '귀로 들으면서 진찰하는 도구'입니다. 의사 선생님이 청진기의 한쪽을 귀에 꽂고 다른 한쪽은 환자의 몸에 대고 듣잖아요. 가슴에 대고 심장 소리를 진단하거나 배에 대고 장에서 나는 소리를 진단하는 등 환자의 몸 상태를 진단할 때 사용하는 의료 기구랍니다.

보청기(補聽器)는 귀가 좋지 않아 잘 들리지 않는 사람들이 잘 들을 수 있도록 도와주는 도구지요.

4학년 1학기 1. 과학자처럼 탐구해 볼까요?

탄산수 炭酸水
탄소 **탄** / 식초 **산** / 물 **수**

탄산을 넣어 만든 물.

이산화 탄소가 물에 녹아 만들어진 액체로, 우리가 자주 마시는 청량음료가 탄산수랍니다.

식용 食用
먹을 **식** / 쓸 **용**

먹기 위해 사용하는 것.

우리가 먹는 것들은 모두 식용으로 쓰이는 것이랍니다.

07

4학년 1학기 2. 지층과 화석

지층 地層
땅 **지** / 층 **층**

땅이 여러 겹의 층을 이루고 있는 것.

땅을 이루고 있는 자갈이나 모래, 진흙 등이 쌓여 층을 이루는 것을 지층이라고 합니다.

퇴적물 堆積物
높이 쌓일 **퇴** / 쌓을 **적** / 만물 **물**

퇴적물이 쌓이고 쌓여 만들어진 물체.

퇴적암 堆積巖
높이 쌓일 **퇴** / 쌓을 **적** / 바위 **암**

퇴적물이 쌓이고 쌓여 굳어 만들어진 암석.

이암 泥巖   진흙이 굳어 만들어진 암석.
진흙 이   바위 암

사암 砂巖   모래가 굳어 만들어진 암석.
모래 사   바위 암

역암 礫巖   자갈, 모래, 진흙 등 여러 가지가 굳어 만들어진 암석.
돌 이름 역   바위 암

화석 化石   오랜 시간에 걸쳐 동식물이 돌이 되는 것.
될 화   돌 석

화석은 오랜 옛날에 살았던 동식물이 암석이나 지층 속에 남아 있는 것이에요. 암석이나 지층에 남아 있다 보니 당연히 돌처럼 단단해지겠지요. 그래서 화석, 즉 '돌로 변한 것'이라는 명칭이 붙었답니다. 화석이 되기 위해서는 동식물이 빨리 묻혀야 합니다. 안 그러면 비나 바람 따위를 맞아 부서지고 말 테니까요.

화석 연료 化石燃料   연료로 사용되는 화석.
될 화   돌 석   탈 연   재료 료

석유나 석탄도 오랜 옛날 존재하던 동식물이 쌓이고 쌓여 변한 것입니다. 그래서 화석 연료라고 부르지요.

지층(地層)은 땅이 여러 층으로 이루어진 모습입니다. 그래서 땅을 수직으로 갈라 보면 똑같은 모습이 아니지요. 여러 지층이 나타나기 때문입니다.

지층은 자갈, 모래, 진흙 등이 퇴적 작용을 거쳐 생깁니다. 자갈이 퇴적된 층과 모래가 퇴적된 층, 진흙이 퇴적된 층이 다른 것은 당연하지요.

암석은 재료가 무엇인지, 그리고 어떻게 만들어지는지에 따라 여러 가지로 나뉘어요.

퇴적암(堆積巖)은 **퇴적물**(堆積物)이 쌓여 오랜 시간에 걸쳐 굳은 암석입니다.

이암(泥巖)은 진흙이 쌓여서 굳은 암석인데, 진흙이 굳어 암석이 되려면 무척 오랜 기간이 필요하겠지요.

사암(砂巖)은 모래가 쌓여서 굳은 암석이고, **역암**(礫巖)은 자갈, 모래, 진흙 등이 쌓여서 굳은 암석이라서 이암이나 사암보다 더 단단합니다.

그러고 보니 이암, 사암, 역암 모두 재료가 다를 뿐 퇴적암이네요.

4학년 1학기 4. 물체의 무게

수평 水平
물 수 / 평평할 평
고인 물처럼 기울지 않고 평평한 상태.

어떤 물건의 무게를 잴 때는 여러 종류의 저울을 사용하지요. 옛날 사람들은 수평 잡기 원리를 이용해서 저울을 만든 후 그걸 이용해 무게를 쟀습니다.

영점 零點
영 영 / 점 점
기준이 0이 되는 점.

중력 重力
무거울 중 / 힘 력
무거운 힘.

무거운 지구가 다른 물체를 잡아당기는 힘이 중력입니다.

4학년 1학기 5. 혼합물의 분리

혼합물 混合物
섞일 혼 / 합할 합 / 만물 물
두 가지 이상의 물질이 섞인 채 합쳐진 것.

분리 分離
나눌 분 / 떼어 놓을 리
서로 나누어 떼어 놓는 것.

폐지 廢紙
버릴 폐 / 종이 지
쓸모가 없어 버린 종이.

| 재생 | **再生** 다시 재 살아날 생 | 쓸모없는 것이 다시 쓸모 있게 변하는 것. |

| 수조 | **水槽** 물 수 큰 그릇 조 | 물을 담아 두는 큰 통. |

4학년 2학기 1. 식물의 생활 **10**

| 수생 식물 | **水生植物** 물 수 살 생 심을 식 만물 물 | 물에서 사는 식물. |

| 염생 식물 | **鹽生植物** 소금 염 살 생 심을 식 만물 물 | 소금에서 사는 식물. |

| 수목원 | **樹木園** 나무 수 나무 목 정원 원 | 나무를 키우고 가꾸는 정원. |

나무를 연구하기 위해 만들고 가꾸는 시설을 이릅니다.

| 삼림욕 | **森林浴** 나무 빽빽할 삼 수풀 림 목욕 욕 | 나무가 빽빽한 숲에서 하는 목욕. |

병을 치료하거나 건강을 위해 산속을 거닐며 숲의 기운을 쐬는 것을 이릅니다.

11
4학년 2학기 2. 물의 상태 변화

수증기 水蒸氣 물이 끓어오르면서 생기는 기체.
물 수 김이 오를 증 공기 기
       찔 증

상태 변화 狀態變化 모양이 다른 모습으로 변하는 것.
형상 상 모양 태 변할 변 될 화

과학에서는 물질의 모습이 변하는 것을 이릅니다.

톺아보고 모아읽기

수생 식물(水生植物)은 '물에서 사는 식물'이라는 뜻으로, 물가나 물속에 삽니다. 물에서 살려면 공기가 통해야 하지요. 그래서 수생 식물들 대부분은 뿌리와 줄기에 공기가 드나들 수 있는 길이 발달해 있답니다.

염생 식물(鹽生植物)은 '소금에서 사는 식물'이라는 뜻입니다. 대부분의 식물은 소금이 너무 많은 곳에서는 살 수 없답니다. 그런데 염생 식물은 특이하게도 소금 성분이 많은 땅에서 사는군요. 그래서 특별히 염생 식물이라고 부릅니다.

석빙고 石氷庫 돌로 만든 얼음 창고.
돌 석 **얼음 빙** **창고 고**

냉장고가 없던 옛날에는 여름에 얼음을 만들 수 없었어요. 그래서 겨울에 강이 얼면 얼음을 채취한 다음 돌을 쌓아 만든 얼음 저장 창고인 석빙고에 넣어 두었다가 여름에 사용했습니다. 겨울에 채취한 얼음이 여름까지 녹지 않도록 보관해야 했으니 석빙고가 얼마나 시원하게 만들어졌는지 상상할 수 있겠지요.

물은 생명이 살아가는 데 없어서는 안 되는 가장 중요한 물질이지요.
물은 고체 상태일 때는 얼음, 액체 상태일 때는 물, 기체 상태일 때는 수증기라고 부릅니다.
증(蒸)은 '물이 끓어서 김으로 흩어진다'는 뜻입니다. 그래서 **수증기**(水蒸氣)는 '물이 끓을 때 생기는 공기'란 뜻이고, **증발**(蒸發)은 '물이 끓어 공중으로 떠난다'는 뜻입니다. 그러나 증발에는 물이 끓는 것 외에 빨래가 마르듯이 물이 천천히 공기 중으로 날아가는 현상도 포함됩니다.
반면에 **응결**(凝結)은 '수증기가 식어서 물방울이 되어 엉겨 맺히는 모습'을 이릅니다.

증발 **蒸 發**
김이 오를 **증** 떠날 **발**
찔 **증**

물이 수증기가 되어 공기 중으로 날아가는 것.

응결 **凝 結**
엉길 **응** 모을 **결**

수분이 모여 물방울로 엉기는 것.

지구 온난화 **地 球 溫 暖 化**
땅 **지** 공 **구** 따뜻할 **온** 따뜻할 **난** 될 **화**

지구가 따뜻해지는 것.

12 4학년 2학기 3. 거울과 그림자

광원 **光 源**
빛 **광** 원천 **원**

빛의 원천. 빛의 근원.
태양처럼 스스로 빛을 내는 것을 말합니다.

직진 **直 進**
곧을 **직** 나아갈 **진**

곧게 나아감.
과학에서는 빛이 곧게 나아가는 것을 이릅니다.

봉수대 **烽 燧 臺**
봉화 **봉** 햇불 **수** 돈대 **대**

봉화용 햇불을 올리는 장소.

돈대는 성벽 위에 쌓아서 적의 움직임을 살피거나 대포 등을 쏘는 장소를 말합니다. 봉화(烽火, 봉화 **봉**, 불 **화**)는 예전에 나라의 큰 난리가 있을 때, 신호로 올리는 불입니다.

반사 反射
되돌릴 반 / 쏠 사

되돌려 쏘아 보냄.

빛은 직진하는 성질을 가지고 있습니다. 그런데 표면이 매끄러운 물체에 닿으면 앞으로 나아가지 못하고 방향이 바뀝니다. 이를 반사라고 합니다.

불투명 不透明
아닐 불 / 통할 투 / 밝을 명

밝게 통하지 아니함.

'빛을 전혀 통과시키지 않는다'는 뜻입니다.

투명 透明
통할 투 / 밝을 명

밝게 통함.

'빛을 통과시켜서 밝다'는 뜻이지요. 그래서 자동차의 앞 유리나 돋보기처럼 모든 빛을 통과시키는 물체는 투명한 물체지요.

반투명 半透明
절반 반 / 통할 투 / 밝을 명

절반 정도만 밝게 통함.

'빛을 절반만 통과시킨다'는 뜻입니다. 반투명 물질은 우윳빛 유리나 한지처럼 그것을 통해 빛을 바라보았을 때 어렴풋하게 보이는 것입니다.

13

4학년 2학기 4. 지구와 달

지형 地形 지구가 생긴 모양.
땅 **지** 모양 **형**

독도 獨島 홀로 있는 섬.
홀로 **독** 섬 **도**

대한민국 동쪽 끝에 위치한 섬으로, 대한민국 영토입니다.

운석 隕石 우주 공간에서 지표면으로 떨어진 암석.
떨어진 **운** 돌 **석**

지구 밖의 암석이 지구 중력에 이끌려 떨어지게 되면 대기권과의 마찰로 표면이 녹으면서 암석이 떨어져 나오게 됩니다. 이때 지구 표면에 떨어진 암석을 운석이라고 합니다.

5학년 1학기 1. 온도와 열

14

온도 溫度 따뜻한 정도.
따뜻할 **온** 정도 **도**

차고 따뜻한 정도를 ℃(섭씨 도)라는 단위를 이용해 나타냅니다.

난방 기구 暖房器具 방을 따뜻하게 만드는 도구.
따뜻할 **난** 방 **방** 도구 **기** 기구 **구**

냉방 기구 冷房器具 방을 시원하게 만드는 도구.
찰 **냉** 방 **방** 도구 **기** 기구 **구**

보온병 保溫瓶 온도를 따뜻하게 지켜 주는 병.
지킬 **보** 따뜻할 **온** 병 **병**

톺아보고 모아 읽기

난(暖)은 '따뜻하다'는 뜻을 갖습니다. 그래서 **난방 기구**(暖房器具)는 난로나 전기 매트처럼 공간을 따뜻하게 만드는 물건을 가리키지요.
온(溫)도 '따뜻하다'는 뜻으로, 따뜻한 물을 온수(溫水)라고 합니다. 또 **보온**(保溫)은 '따뜻함을 지킨다'는 뜻입니다.
냉(冷)은 '차다'는 뜻입니다. 그래서 '찬 커피'는 냉커피, '공간을 시원하게 만들어 주는 기구'는 **냉방 기구**(冷房器具)라고 합니다. 아, 시원한 '냉면(冷麵, 찰 **냉**, 국수 **면**)'도 있군요.

15
5학년 1학기 2. 태양계와 별

천체 天體
하늘 천 / 형상 체

하늘이라는 모습.

천체는 우주 공간에 떠 있어 천문학의 대상이 되는 모든 물체를 통틀어 이릅니다. 항성·행성·혜성·성단·성간 물질·인공위성 따위를 말합니다.

태양계 太陽系
클 태 / 햇빛 양 / 계보 계

태양을 중심으로 모여 있는 구성원들.

태양의 힘이 미치는 공간과 그 공간에 있는 것들을 통틀어 이릅니다. 태양은 물론, 태양 주위를 도는 행성, 행성 주위를 도는 위성, 소행성, 혜성 등이 모두 태양계에 속합니다.

항성 恒星
항상 항 / 별 성

늘 같은 자리에 있는 별.

우리말로는 '붙박이별'이라고 하는데, 태양이 대표적인 항성입니다.

행성 行星
갈 행 / 별 성

늘 움직이고 있는 별.

지구를 비롯한 태양계 행성들은 태양의 주위를 늘 돌고 있어서 이런 이름이 붙었습니다. 태양계에는 8개의 큰 행성이 있습니다. 그중 가장 작은 행성은 수성이지요. 태양으로부터 수성(水星, 물 수, 별 성)-금성(金星, 쇠 금, 별 성)-지구(地球, 땅 지, 공 구)-화성(火星, 불 화, 별 성)-목성(木星, 나무 목, 별 성)-토성(土星, 흙 토, 별 성)-천왕성(天王星, 하늘 천, 임금 왕, 별 성)-해왕성(海王星, 바다 해, 임금 왕, 별 성)이 자리하고 있습니다.

우리가 별이라고 부르는 **천체**(天體)에는 여러 종류가 있습니다.
항성(恒星)은 태양처럼 스스로 빛을 내는 별로, 한자 뜻을 보면 '늘 한결같이 그 자리에 있는 별'입니다. 그래서 항성이야말로 진짜 '별'이지요.
행성(行星)은 '늘 움직이는 별'이라는 뜻입니다. 지구나 화성, 목성 등과 같이 항성의 주위를 도는 천체지요. 늘 움직이기 때문에 행성이라고 부릅니다.
위성(衛星)은 '지키는 별'이란 뜻인데요. 달처럼 행성 주위를 도는 천체입니다. 옛날 사람들이 보기에는 달이 지구를 지키는 별로 보였나 보군요.
소행성(小行星)은 '작은 행성'이라는 뜻이네요. 소행성은 행성과 같은 성질의 천체인데, 화성과 목성 사이의 궤도에서 태양의 둘레를 **공전**(公轉, 공적인 공, 회전할 전)하는 작은 행성들을 이릅니다. 셀 수 없이 많은데, 대부분 반지름이 50km 이하로 매우 작습니다. 그래서 소행성이라고 부르지요. 하나하나 이름도 붙이지 않고요.
혜성(彗星)은 핼리 혜성처럼 꼬리를 가지고 밝고 빠르게 움직이는 천체입니다. 혜(彗)는 '빗자루, 밝다'는 뜻을 갖는 글자예요. 그러니까 긴 꼬리를 가진 채 밝은 빛을 내며 빠르게 움직이는 혜성을 나타내는 한자로는 제격이지요.

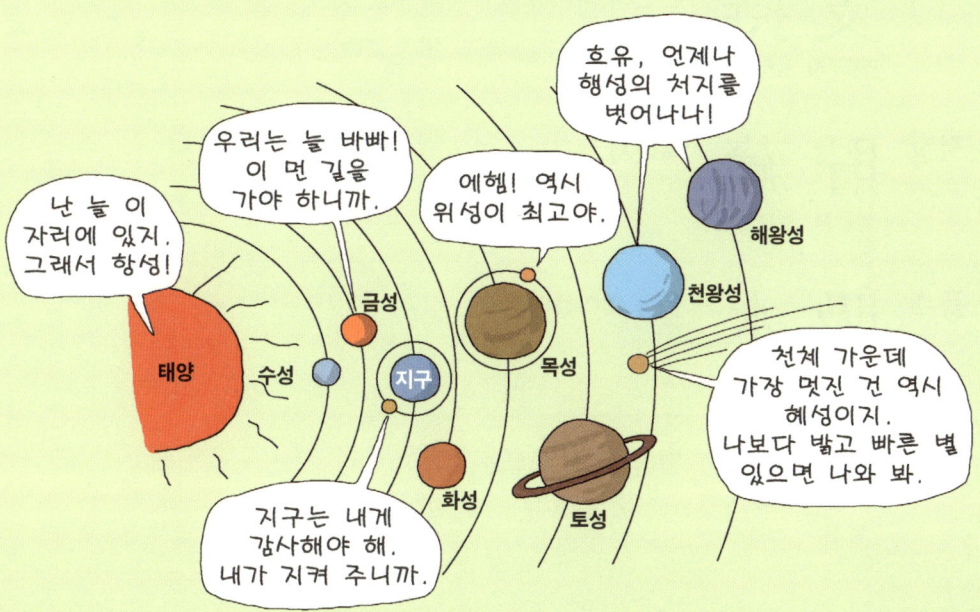

| 소행성 | 小行星
작을 소 갈 행 별 성 | 작은 행성. |

| 위성 | 衛星
지킬 위 별 성 | 행성 주위를 지키는 별. |

| 혜성 | 彗星
빗자루 혜 별 성
밝은 혜 | 빗자루처럼 꼬리를 가진 별. |

16 5학년 1학기 3. 식물의 구조와 기능

| 지지 | 支持
지탱할 지 유지할 지 | 단단히 지탱하고 유지해 주는 것.
식물을 지지해 주는 것은 뿌리입니다. |

| 저장 | 貯藏
쌓을 저 보관할 장 | 쌓아서 보관함. |

| 흡수 | 吸水
빨 흡 물 수 | 물을 빨아들이는 것. |

| 흡수 | 吸收
빨 흡 모을 수 | 빨아들여서 모으는 것. |

광합성 光合成
빛 광 | 합할 합 | 이룰 성

햇빛과 합해서 새로운 양분을 만들어 내는 것.

식물은 주로 잎에서 광합성을 합니다. 햇빛, 물, 이산화 탄소를 이용해 스스로 양분을 만들지요.

증산 작용 蒸散作用
김이 오를 증 / 찔 증 | 흩어질 산 | 일으킬 작 | 행할 용

수증기가 되어 공기 중으로 흩어져 나가는 일.

톺아보고 모아 읽기

증산 작용(蒸散作用)의 한자 뜻을 보면 '물이 수증기로 변해 밖으로 흩어져 나가는 작용'이지요. 도대체 무슨 말일까요?

식물은 뿌리에서 물을 **흡수**(吸水)해 줄기를 거쳐 잎까지 운반한답니다. 그렇게 운반된 물은 생명 활동에 쓰이고요. 이렇게 흡수된 물은 생명 활동을 다한 후에 남게 됩니다. 그리고 남은 물은 밖으로 버리게 되지요. 바로 이 활동을 증산 작용이라고 합니다.

증산 작용은 잎에 있는 작은 구멍인 **기공**(氣孔, 공기 구멍)을 통해 이루어지는데, 기공이 잎의 뒤쪽에 있기 때문에 증산 작용도 잎의 뒷면에서 일어난답니다. 나무는 증산 작용을 통해 잎이 너무 뜨거워지는 현상을 방지할 수 있지요. 더운 여름날 숲 속에 들어가면 시원한 것도 바로 증산 작용 때문에 뿜어져 나오는 수증기 덕분이랍니다.

증산 작용으로 빠져나간 물을 보충하기 위해 나무는 다시 뿌리에서 줄기를 거쳐 잎으로 물을 끌어 올리고요.

한편 증산 작용은 환경의 영향을 받습니다. 날씨가 따뜻하고 맑을수록 바람이 불수록 활발하고, 어두운 밤에는 증산 작용이 약해집니다.

기공 氣孔
공기 **기** 구멍 **공**

공기가 통하는 구멍.

수분 受粉
받을 **수** 가루 **분**

꽃가루를 받는 것.

우리말로는 '꽃가루받이'라고 하는데, 곤충이나 바람, 물, 작은 동물 등이 꽃가루받이를 해 줍니다.

톺아보고 모아읽기

수분(受粉)은 '꽃가루를 받는다'는 뜻이죠. 동물의 후손이 태어나기 위해서는 암컷과 수컷이 짝짓기를 해야 하듯이 식물이 처음 만들어지기 위해서는 암술과 수술이 짝짓기를 해야 합니다. 수분은 수술이 만든 꽃가루를 암술머리에 붙이는 것, 즉 짝짓기를 하는 것이에요.

그런데 식물은 움직일 수가 없기 때문에 스스로 짝짓기를 할 수 없어요. 그래서 곤충이나 바람, 물, 작은 동물 같은 것들이 수술이 만든 꽃가루를 암술머리에 붙여 준답니다. 이것이 꽃가루받이입니다.

세포 細胞
작을 세 | 태보 포

생명의 근원이 되는 작은 것.

태보는 태아를 싸고 있는 막과 태반을 이릅니다. 그러니 세포는 생명의 근원이 되는 작은 것이고, 생물을 이루는 기본 단위가 바로 세포입니다.

핵 核
핵심 핵 | 씨 핵

생명체의 핵심.

5학년 1학기 4. 용해와 용액 **17**

용해 溶解
녹을 용 | 풀 해

물질이 다른 물질 속으로 녹아 들어가는 것.

용질 溶質
녹을 용 | 물질 질

다른 물질 속으로 녹아 들어가는 물질.

용매 溶媒
녹을 용 | 매개 매

다른 물질을 녹도록 연결해 주는 물질.

용액 溶液
녹을 용 | 액체 액

다른 물질이 녹아 들어가 만들어진 액체.

결정 結晶 수정처럼 맑고 분명하게 엉겨 굳은 것.
엉길 결 · 수정 정 · 맑을 정

결정(結晶)은 우리가 자주 쓰는 "이번 소풍은 경복궁에 가기로 결정했습니다." 할 때의 결정(決定, 결단할 결, 정할 정)과는 전혀 다른 단어지요.
눈의 결정은 육각형으로, 꽃 모양, 가시 모양 등 모양이 약간씩 다르게 보입니다. 또 소금 결정은 정육면체지요.

톺아보고 모아읽기

용(溶)은 '액체가 흐른다, 녹는다'는 뜻의 한자예요. 그래서 이 글자가 들어가는 단어는 대부분 액체와 관련된 단어거나 녹는 것과 관련이 있답니다.
용질(溶質)은 다른 물질에 녹는 물질을 이릅니다. 소금이나 설탕이 물에 들어가면 녹지요. 이때 소금이나 설탕이 용질이랍니다. 그렇다면 소금이나 설탕을 녹이는 물은 무엇이라고 부를까요? **용매**(溶媒)라고 합니다. '녹도록 연결해 주는 것'이라는 뜻이죠.
한편 물이 소금이나 설탕 같은 용질을 녹이면 물은 다른 물질로 변하지요. 이렇게 용질을 품은 물질을 **용액**(溶液)이라고 합니다. 그러니까 〈용액 = 용질 + 용매〉랍니다.
용액은 오래 두어도 가라앉거나 떠 있는 것이 없고 거름 장치로 걸러도 거름종이에 남는 것이 없답니다. 또 용매와 용질이 골고루 퍼져 있기 때문에 용액의 어느 곳을 보더라도 물질이 섞인 정도는 같습니다.

엄마, 커피는 용액이에요. 용질인 커피 가루가 용매인 물에 녹은 거거든요. 맛있겠죠?

아니, 얘 천재 아니야? 그런 어려운 걸 어떻게 아니?

맞아요. 고양이 대학에 유학 보냅시다.

5학년 2학기 1. 날씨와 우리 생활

습도 濕度
축축할 **습**, 정도 **도**

축축한 정도.

수증기가 공기 중에 얼마나 포함되어 있는지를 나타냅니다.

건습구 습도계 乾濕球濕度計
마를 **건**, 축축할 **습**, 공 **구**, 축축할 **습**, 정도 **도**, 헤아릴 **계**

건조한 정도와 축축한 정도를 재는 기구.

인공 강우 人工降雨
사람 **인**, 만들 **공**, 내릴 **강**, 비 **우**

사람이 비를 내리게 만드는 것.

해풍 海風
바다 **해**, 바람 **풍**

바다에서 불어오는 바람.

육풍 陸風
육지 **육**, 바람 **풍**

육지에서 불어오는 바람.

기압 氣壓
공기 **기**, 누를 **압**

공기가 누르는 힘.

고기압 高氣壓
높을 **고**, 공기 **기**, 누를 **압**

공기가 누르는 힘이 강한 것.

주변보다 기압이 높은 곳의 기압을 고기압이라고 합니다.

저기압 低氣壓 공기가 누르는 힘이 약한 것.
낮을 저 · 공기 기 · 누를 압

주변보다 기압이 낮은 곳의 기압을 저기압이라고 합니다.

측우기 測雨器 비의 양을 재는 기구.
잴 측 · 비 우 · 도구 기
→ 129p 사회, 5학년 2학기 3. 유교 문화가 발달한 조선

톺아보고 모아읽기

바람은 공기가 이동하는 것입니다.
해풍(海風)은 '바닷바람'이라고도 해요. 바다에서 육지 쪽으로 부는 바람이거든요. 반대로 **육풍**(陸風)은 육지 쪽에서 바다 쪽으로 부는 바람이지요.
낮에는 햇빛을 받아서 육지가 바다보다 훨씬 빨리 데워진답니다. 육지의 데워진 공기는 위로 올라가고 아래쪽 빈 곳을 메우기 위해 바다의 공기가 육지 쪽으로 이동합니다. 이것이 해풍이지요.
밤에는 해가 사라져 육지 쪽이 빨리 식어요. 그래서 반대로 육지보다 따뜻한 바다 쪽 공기가 위로 올라가고 바람은 육지에서 바다 쪽으로 부는데, 이것이 육풍입니다.
기압(氣壓)은 '공기가 누르는 것'을 말합니다. 공기는 우리 눈에 보이지 않고 또 너무 가벼워 공기가 누르는 것을 느끼는 사람은 없을 거예요.
그렇지만 과학적으로는 분명히 공기가 누르는 힘이 있답니다.
높은 산에서는 물이 100℃가 되기 전에 끓기 시작합니다. 왜냐하면 높이 올라갈수록 공기가 부족하고, 공기가 적으니 누르는 힘이 약하기 때문이지요.
한편 **저기압** 중심에서는 수증기를 포함한 공기가 위로 올라가다가 공기의 온도가 낮아지면서 수증기가 엉겨(응결) 구름이 만들어집니다. 따라서 날이 흐려지거

수표 水標
물 수 **우듬지 표**

물의 높이를 재는 표지.

수표는 '물의 높이를 나타내는 표'라는 뜻으로, 조선 시대에 강물의 높이를 재기 위해 만들었습니다.

풍기 風旗
바람 풍 **깃발 기**

바람을 측정하는 깃발.
바람의 방향과 빠르기를 재는 깃발을 말합니다.

나 비나 눈이 내리기도 합니다. 반대로 **고기압** 중심에서는 위에 있던 공기가 내려오면서 맑은 날씨가 나타납니다.

바다에서 육지로 부는 해풍

육지에서 바다로 부는 육풍

19 5학년 2학기 2. 산과 염기

지시약 指示藥 — 시험 대상이 되는 물질의 성질을 알려 주는 약.
가리킬 지 / 알릴 시 / 약 약

산성 용액 酸性溶液 — 신 성질을 가지고 있는 용액.
식초 산 / 성질 성 / 녹을 용 / 액체 액

염기성 용액 鹽基性溶液 — 소금의 성질을 가진 용액.
소금 염 / 바탕 기 / 성질 성 / 녹을 용 / 액체 액

톺아보고 모아읽기

지시약(指示藥)을 이용해 산성 용액과 염기성 용액을 구분할 수 있습니다. 지시약의 일종인 푸른색 리트머스 종이가 붉은색으로 변하거나 페놀프탈레인 용액의 색깔이 변하지 않는다면 그 용액은 **산성 용액**입니다. 산성(酸性)은 '시다'는 뜻을 갖습니다.

반대로 붉은색 리트머스 종이가 푸른색으로 변하거나 페놀프탈레인 용액이 붉은색으로 변하면 **염기성 용액**입니다. 염기성(鹽基性)이라는 한자에는 '소금'이라는 뜻이 담겨 있습니다. 소금이 물에 녹으면 약간의 염기성을 띱니다.

산성 용액과 염기성 용액은 전혀 다른 특성을 가지고 있습니다. 그래서 산성 용액에 염기성 용액을 넣으면 신맛이 점차 사라집니다. 반대로 염기성 용액에 산성 용액을 넣으면 염기성이 점차 약해질 것은 당연합니다.

속이 쓰릴 때 먹는 **제산제**(制酸劑)라는 약이 그런 작용을 하는데요. **위**(胃, 밥통 위)에서 분비되는 소화액에 들어 있는 **위산**(胃酸, 밥통 위, 식초 산)은 산성입니다. 그래서 위산이 너무 많이 분비되면 속이 쓰리답니다. 이때 제산제를 먹으면

제산제 制酸劑 산성을 다스리는 약.
다스릴 제　식초 산　약 제

5학년 2학기 3. 물체의 빠르기
5학년 2학기 4. 우리 몸의 구조와 기능

속력 速力 빠르게 달리는 힘의 크기.
빠를 속　힘 력

낫는데, 제산제가 염기성이기 때문입니다.
또 밭에 석회를 뿌리면 농사가 잘되는데, 이는 산성으로 변한 땅에 염기인 석회를 뿌려서 땅의 산성을 약하게 만들기 때문입니다.

기관	器官 기관 기 기관 관	여러 가지 기능을 하는 기관들.
근육	筋肉 힘줄 근 살 육	힘줄과 살.
소화	消化 사라질 소 될 화	에너지를 얻기 위해 음식물을 잘게 부숴 사라지도록 만드는 것.
소화 기관	消化器官 사라질 소 될 화 기관 기 기관 관	에너지를 얻기 위해 음식물을 잘게 부숴 사라지게 만드는 기관.

톺아보고 모아읽기

속력(速力)은 정해진 시간 동안 물체가 이동한 거리입니다. 그래서 속력을 구할 때는 물체의 이동 거리를 걸린 시간으로 나눕니다.

속력 = 이동 거리 ÷ 걸린 시간

속력의 단위는 m/s, km/h, cm/s, m/min 등을 사용합니다. m/s는 미터 퍼 세컨드라고 읽는데, 영어로 세컨드(second)인 1초에 몇 미터를 갔는지를 나타냅니다. km/h는 킬로미터 퍼 아워로, 아워는 영어로 시간(hour)을 나타냅니다. 그래서 한 시간에 몇 킬로미터를 갔는지 나타내는 것이지요. cm/s는 센티미터 퍼 세컨드로 1초에 몇 센티미터를 갔는지 나타냅니다. m/min는 미터 퍼 미니트로, 분을 나타내는 영어 미니트(minute)를 사용한 것입니다. 1분에 몇 미터를 갔는지 나타내지요.

혈액 血液 피.
- 피 혈 / 액체 액

혈관 血管 피가 흐르는 대롱.
- 피 혈 / 대롱 관

혈액이 흐르는 이동 통로를 가리키며, 우리 몸 전체에 퍼져 있습니다.

심장 心臟 염통.
- 마음 심 / 내장 장

혈액이 온몸을 골고루 돌 수 있도록 힘껏 밀어내는 기능을 합니다.

순환 循環 고리처럼 온몸을 돌고 도는 것.
- 돌 순 / 고리 환

순환 기관 循環器官 순환을 담당하는 기관.
- 돌 순 / 고리 환 / 기관 기 / 기관 관

호흡 呼吸 숨을 내쉬고 들이쉬는 것.
- 내쉴 호 / 들이쉴 흡

호흡 기관 呼吸器官 호흡을 담당하는 기관.
- 내쉴 호 / 들이쉴 흡 / 기관 기 / 기관 관

노폐물 老廢物 쓸모없어져 버려야 할 것들.
- 오래될 노 / 버릴 폐 / 만물 물

톺아보고 모아읽기

기관(器官)은 '생명체가 살아가는 데 필요한 일을 하는 몸 안의 여러 부분'을 이릅니다.

기관으로는 소화에 관여하는 입, 식도, 위, 작은창자, 큰창자, 항문 같은 **소화 기관**(消化器官), 피돌기를 담당하는 심장, 혈관과 같은 **순환 기관**(循環器官), 숨을 들이마시고 내쉬는 호흡에 관여하는 코, 기관, 기관지, 폐와 같은 **호흡 기관**(呼吸器官), 혈액에 있는 노폐물을 몸 밖으로 내보내는 일을 담당하는 콩팥, 방광과 같은 **배설 기관**(排泄器官), 그리고 몸 바깥에서 전달된 자극을 느끼고 받아들이는 눈, 코, 귀, 혀, 피부와 같은 **감각 기관**(感覺器官)이 있습니다.

호흡 기관의 **기관**(氣管, 기운 기, 대롱 관)과 **기관지**(氣管支, 기운 기, 대롱 관, 가지 지)는 호흡을 할 때 공기가 드나드는 이동 통로를 말합니다.

배설	排泄	고여 있는 것을 싸서 밖으로 밀어내는 것.
	밀칠 **배**　쌀 **설**	

배설 기관	排泄器官	배설을 담당하는 기관.
	밀칠 **배**　쌀 **설**　기관 **기**　기관 **관**	

감각 기관	感覺器官	밖에서 오는 자극을 느끼고 깨닫는 기관.
	느낄 **감**　깨달을 **각**　기관 **기**　기관 **관**	

말초 신경계 末梢神經系
끝 **말**　나무 끝 **초**　정신 **신**　길 **경**　계보 **계**

몸의 끝에 있는 신경 줄기.

중추 신경계 中樞神經系
가운데 **중**　근본 **추**　정신 **신**　길 **경**　계보 **계**

몸의 가운데에서 근본이 되는 신경 줄기.

6학년 1학기 1. 지구와 달의 운동

지구의 자전 — 自 轉
스스로 자 · 회전할 전

지구가 스스로 도는 것.

자전은 '스스로 돈다'는 뜻이에요. 지구는 하루에 한 번 스스로 돌지요. 지구가 하루에 한 번 스스로 도는 것을 지구의 자전이라고 합니다.

지구의 공전 — 公 轉
공적인 공 · 회전할 전

지구가 태양 주위를 도는 것.

공전은 혼자 도는 게 아니라 다른 것 주위를 돈다는 뜻입니다. 지구는 1년에 한 번 태양 주위를 돌지요. 그러니 지구는 자전도 하고 공전도 하는 셈입니다. 지구처럼 달도 지구의 주위를 한 달에 한 번 공전합니다. 그리고 한 달에 한 번 스스로 돌고요. 달도 자전과 공전을 하는 셈이군요.

생태계(生態系)에서 살아가는 **생물**(生物)은 필요한 양분을 어떻게 얻느냐에 따라 생산자, 소비자, 분해자로 나눕니다.

생산자(生産者)는 햇빛을 이용해 광합성을 해서 세상에 없는 양분을 스스로 만들어 내는 존재랍니다. 풀과 나무 같은 식물이 이에 속하지요.

소비자(消費者)는 식물이나 다른 동물을 먹이로 먹으며 살아가는 생물이랍니다. 대부분의 동물들이 이에 속하지요. 인간도 소비자랍니다. 식물 또는 다른 동물을 잡아먹고 사니까요.

분해자(分解者)는 생물의 죽은 몸 또는 똥과 같은 배설물을 분해해 먹고 사는 생물이지요. 곰팡이나 세균이 그런 역할을 한답니다.

한편 사회 과목에서는 생산자, 소비자라는 단어를 다른 뜻으로 사용하는데요.

6학년 1학기 2. 생물과 환경

환경 環境 우리 주위를 둘러싸고 있는 장소.
두를 환   장소 경

인간을 비롯한 모든 생물과 그들이 살아가는 데 영향을 미치는 모든 것들을 이릅니다.

생태계 生態系 생명체가 다른 것들과 어울려 살아가는 곳.
살 생   모양 태   계보 계

생물 生物 살아 있는 것들.
살 생   만물 물

톺아보고 모아 읽기

생산자는 물건을 만들어 시장에 공급하는 사람이고, 소비자는 시장에서 물건을 구입해 사용하는 사람을 가리킨답니다.

47

| 생산자 | 生産者 | 새로운 것을 만들어 내는 사람 또는 생물. |

날 생 / 생산할 산 / 사람 자

| 소비자 | 消費者 | 사용해서 없애는 사람 또는 생물. |

사라질 소 / 쓸 비 / 사람 자

| 분해자 | 分解者 | 나누어서 해체하는 사람 또는 생물. |

나눌 분 / 풀 해 / 사람 자

| 사체 | 死體 | 죽은 몸. |

죽을 사 / 몸 체

| 초식 동물 | 草食動物 | 풀을 비롯한 식물을 먹고 사는 동물. |

풀 초 / 먹을 식 / 움직일 동 / 만물 물

| 육식 동물 | 肉食動物 | 고기를 먹고 사는 동물. |

고기 육 / 먹을 식 / 움직일 동 / 만물 물

| 생태계 평형 | 生態系平衡 |

살 생 / 모양 태 / 계보 계 / 평평할 평 / 저울 형

생명체가 다른 것들과 어울려 살아가는 곳이 잘 어우러져 있는 것.

| 생태계 복원 | 生態系復元 |

살 생 / 모양 태 / 계보 계 / 다시 복 / 처음 원

생태계 평형이 깨진 곳을 예전의 균형 잡힌 곳으로 되살리는 것.

생물들 사이에 먹고 먹히는 관계가 사슬처럼 연결되어 있는 것을 '먹이 사슬'이라고 합니다. 사슬의 중간이 끊어지면 아무리 긴 사슬도 제 역할을 못 하는 것처럼 먹이 사슬도 끊어지지 않고 연결되어 있어야 하죠. 이렇게 먹이 사슬이 잘 연결되어 있는 상태를 **생태계 평형**(生態系平衡)이라고 합니다. 모든 생명체들이 살아가는 곳이 잘 유지되고 있다는 뜻이지요.

반대로 자연환경이 훼손되거나 먹이 사슬의 한쪽이 파괴되면 생태계 평형이 깨진답니다.

먹이 사슬의 가장 아래에는 광합성을 통해 스스로 영양분을 만드는 생산자인 식물이 자리하고 있습니다. 그다음에 식물을 먹이로 하는 **초식 동물**(草食動物)이 1차 소비자로 자리하고 그 위에 초식 동물을 잡아먹고 사는 **육식 동물**(肉食動物)이 2차 소비자로 자리하고 있습니다. 그 위에는 3차 소비자가 자리하고 있지요.

이렇게 먹이 사슬에 따라 생물의 수나 양 등을 표시하면 단계가 올라갈수록 수가 줄어드는 피라미드 모양이 된답니다. 이를 **생태 피라미드**라고 하지요.

| 경쟁 | 競爭 (겨룰 경, 다툴 쟁) | 서로 겨루고 다투는 것. |

| 공생 | 共生 (함께 공, 살 생) | 함께 평화를 유지하며 살아가는 것. |

| 천적 | 天敵 (하늘 천, 적 적) | 태어날 때부터 적인 관계. |

| 기생 | 寄生 (붙여 살 기, 살 생) | 다른 생물에 붙어서 살아가는 것. |

생물들끼리 먹이나 사는 곳을 두고 서로 다투는 것을 **경쟁**(競爭)이라고 합니다. 동물만 경쟁하는 것이 아니라 식물끼리도 경쟁하며 살아가지요. 밭에 고추나 파 등 온갖 식물을 심고 나서 농부들이 잡초를 뽑아 주는 것도 고추나 파가 잡초와의 경쟁에서 이기도록 도와주는 것이랍니다.

반면 **공생**(共生)은 생물들끼리 서로 도와가며 사는 것이죠. 공생이 한자로 '함께 산다'는 뜻이니까요. 악어와 악어새, 개미와 진딧물은 서로 부족한 점을 메워 주며 살아가는 공생 관계입니다.

기생(寄生)은 함께 살지만 한쪽은 피해를 보고 다른 한쪽은 이익을 보는 사이를 말합니다. 그래서 우리 몸에 살면서 영양분을 빼 먹는 것을 **기생충**(寄生蟲, 붙여 살 기, 살 생, 벌레 충)이라고 하지요.

식물 가운데 새삼이라는 식물은 다른 식물에 달라붙어 양분과 수분을 빨아 먹

| 적응 | 適應
맞을 **적** 응할 **응** | 상황에 따라 어울려 가며 사는 것. |

| 환경 오염 | 環境汚染
두를 **환** 장소 **경** 더러울 **오** 물들일 **염** | 우리를 둘러싼 장소가 더러워지는 것. |

| 폐수 | 廢水
버릴 **폐** 물 **수** | 더러워져 버려야 할 물. |

| 매연 | 煤煙
그을음 **매** 연기 **연** | 그을음이나 연기. |

톺아보고 모아 읽기

고 살지요. 그래서 새삼을 기생 식물이라고 합니다.
벼룩이나 진딧물도 다른 생물의 양분을 빨아 먹고 사는 기생충이랍니다.

톺아보고 모아읽기

사람이 살아가는 곳에서는 어쩔 수 없이 많은 쓰레기가 나옵니다. 음식을 조리하고 나면 음식물 쓰레기가 나오고, 집 안 청소를 하면 온갖 쓰레기가 나옵니다. 또 설거지를 하거나 목욕을 하고 나면 **생활 하수**(生活下水)가 발생합니다. 자동차를 운행하거나 공장에서 기계를 움직이면 **매연**(煤煙)이 나오게 되지요. 이렇게 우리가 생활하는 과정에서 어쩔 수 없이 나오는 쓰레기를 **생활 폐기물**(生活廢棄物) 또는 **폐수**(廢水)라고 합니다.

생활 폐기물은 아무 곳에나 버리면 주위 사람들에게 피해를 주기 때문에 일정한 지역에 가져다 묻습니다. 이렇게 쓰레기나 생활 폐기물을 묻어 만들어진 땅을 **매립지**(埋立地)라고 부르지요.

매립지에 폐기물을 묻는다 해도 다시 사람의 삶에 좋지 않은 영향을 주기 때문에 무엇보다도 쓰레기나 폐기물을 줄이는 노력을 해야 합니다.

재활용(再活用)은 한 번 사용한 물건을 다른 용도로 다시 사용하거나 손질해서 다시 사용하는 것을 말합니다. 재활용을 하면 쓰레기가 그만큼 줄어들기 때문에 **환경 오염**(環境汚染)을 줄일 수 있습니다.

생활 폐기물 生活廢棄物
살 생 / 살 활 / 버릴 폐 / 버릴 기 / 만물 물

생활을 하는 과정에서 발생하는 쓰고 버려야 할 물건들.

생활 하수 生活下水
살 생 / 살 활 / 아래 하 / 물 수

생활을 하는 과정에서 발생하는 버려야 할 물.

재활용 再活用
다시 재 / 살릴 활 / 쓸 용

다시 살려서 씀.

매립지 埋立地
묻을 매 / 세울 립 / 땅 지

무엇인가를 묻어서 새로 만든 땅.

6학년 1학기 3. 렌즈의 이용

근시경 近視鏡
가까울 근 / 볼 시 / 거울 경

근시가 사용하는 안경.

근시(近視)는 '가까운 것만 볼 수 있는 눈'을 이릅니다.

원시경 遠視鏡
멀 원 / 볼 시 / 거울 경

원시가 사용하는 안경.

원시(遠視)는 '멀리 있는 것이 잘 보이는 눈'을 이릅니다.

빛의 굴절	—屈折 굽을 굴 꺾을 절	빛이 똑바로 비치는 것이 아니라 굽고 꺾이며 비치는 것.
대물렌즈	對物— 대할 대 만물 물	보고자 하는 물건에 대는 렌즈.
접안렌즈	接眼— 가까이 할 접 눈 안	보고자 하는 눈에 대는 렌즈.

톺아보고 모아읽기

현미경(顯微鏡)은 '작은 것을 보는 거울'이라는 뜻이죠. 반면에 **망원경**(望遠鏡)은 '멀리 있는 것을 바라보는 거울'입니다.

현미경과 망원경은 모두 두 개의 렌즈를 이용해 만드는데요. 물체에 가까이 대는 렌즈를 **대물렌즈**, 즉 물체에 대한 렌즈, 눈에 가까이 대는 렌즈를 **접안렌즈**, 즉 눈에 대한 렌즈라고 합니다.

현미경	顯微鏡	작은 것을 보는 거울.
	볼 현 · 작을 미 · 거울 경	
망원경	望遠鏡	멀리 있는 것을 바라보는 거울.
	멀리 내다볼 망 · 멀 원 · 거울 경	

6학년 2학기 1. 생물과 우리 생활

균류	菌類	버섯처럼 광합성을 하지 못하는 하등 식물들.
	버섯 균 · 종류 류	
세균	細菌	눈에 보이지 않을 만큼 작은 균.
	작을 세 · 버섯 균	
유산균	乳酸菌	동물의 젖 속에 사는 좋은 균.
	젖 유 · 식초 산 · 버섯 균	
기체	氣體	공기로 이루어진 물체.
	공기 기 · 물체 체	
입자	粒子	낱알처럼 작은 물체.
	낱알 입 · 물건 자	
기포	氣泡	공기로 이루어진 거품.
	공기 기 · 거품 포	

이산화 탄소 二酸化炭素
두 이 · 산소 산 · 될 화 · 숯 탄 · 근본 소

산소 두 개와 탄소 한 개로 이루어진 기체.

톺아보고 모아읽기

균(菌)은 동식물에 기생해 발효나 부패, 병 따위를 일으키는 하나의 세포로 이루어진 미생물을 말합니다. **미생물**(微生物, 작을 미, 살 생, 만물 물)은 눈에 보이지 않을 만큼 '작은 생물'이라는 뜻이지요.
균류(菌類)는 '균에 속하는 모든 종류'를 말합니다. 우리가 자주 먹는 버섯도 균의 일종인데, 균의 특징은 스스로 광합성을 하지 못하기 때문에 다른 생물의 양분을 얻어먹습니다. **세균**(細菌)은 '작은 균'이라는 뜻입니다.
우리는 균 하면 모두 나쁜 것이라고 알고 있지만 반드시 그렇지는 않습니다. 균류인 버섯도 독버섯처럼 나쁜 것이 있는가 하면 송이버섯이나 느타리버섯처럼 우리 몸에 좋은 것도 있지요. 또 **유산균**(乳酸菌)은 우리 몸 안에 살면서 나쁜 균을 물리치는 역할을 합니다.

6학년 2학기 2. 전기의 작용

도체	導體	철이나 구리처럼 전기가 통하는 물체.
	통할 **도** 물체 **체**	

부도체	不導體	종이나 나무처럼 전기가 통하지 않는 물체.
	아닐 **부** 통할 **도** 물체 **체**	

반도체	半導體	전기를 전하는 성질이 도체와 부도체의 중간 정도인 물체.
	절반 **반** 통할 **도** 물체 **체**	

전기 회로	電氣回路	전기가 통하는 길.
	전기 **전** 기운 **기** 돌 **회** 길 **로**	

전류	電流	전기가 흐르는 것.
	전기 **전** 흐를 **류**	

전지	電池	전기를 품고 있는 장치.
	전기 **전** 연못 **지**	

전구	電球	전기의 빛을 내는 물체로 공과 같이 생긴 것.
	전기 **전** 공 **구**	

직렬연결	直列連結	한 줄로 곧게 연결한 것.
	곧을 **직** 줄 **렬** 이을 **연** 맺을 **결**	

병렬연결	竝列連結	나란히 줄지어 연결한 것.
	나란히 할 **병** 줄 **렬** 이을 **연** 맺을 **결**	

톺아보고 모아읽기

전기가 흐르도록 만든 기구를 **전기 회로**(電氣回路)라고 하지요. 그리고 전기 회로를 따라 흐르는 전기를 **전류**(電流)라고 합니다. 전류는 '전기가 흐른다'는 뜻이고요. 전류는 전지에서 나옵니다. **전지**(電池)는 '전기가 담긴 연못'이라는 뜻입니다.

전구(電球)는 '전기가 흐르는 공'이라는 뜻이네요. 조명 기구가 처음 발명되었을 때는 그 모양이 공 모양이었거든요. 그래서 이런 이름이 붙었습니다.

도체(導體)는 '통하는 물체'라는 뜻인데 전기가 통한다고 해서 붙은 명칭입니다. 반면 **부도체**(不導體)는 '통하지 않는 물체'지요. 전기가 통하지 않는 물체를 이릅니다.

반도체(半導體)는 '절반만 통하는 물체'네요.

직렬연결(直列連結)은 전기 회로에서 발전기, 전지 등을 일렬로 연결하는 것입니다. 이에 반해 **병렬연결**(並列連結)은 전기 회로에서 극을 같은 극끼리 연결하는 방식입니다. 여러 개의 전지를 직렬연결 하면 여러 개의 전지를 한꺼번에 사용하는 것과 같습니다. 반대로 병렬연결 하면 여러 개의 전지를 사용해도 하나를 사용하는 효과가 납니다. 그래서 전지를 병렬연결 한 것보다 전지를 직렬연결 한 전구의 밝기가 훨씬 밝습니다. 그렇지만 전지를 병렬연결 한 경우에는 직렬연결 한 경우보다 더 오래 사용할 수 있습니다.

한편 전구를 직렬연결 하는 것은 같은 전지를 두 전구가 나누어 갖는 것과 같습니다. 반대로 전구를 병렬연결 하면 같은 전지의 세기를 두 전구가 각각 갖는 셈입니다. 그래서 병렬연결 한 전구가 더 밝습니다.

전지의 직렬연결

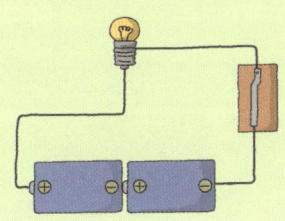

- 전지 여러 개를 서로 다른 극끼리 한 길로 연결하는 방법.
- 전구의 밝기가 더 밝고 전지를 오래 사용하지 못함.
- 전지 한 개를 빼면 전류가 흐르지 않아 불이 꺼짐.

전지의 병렬연결

- 전지 여러 개를 두 개 이상의 길로 연결하는 방법.
- 전구의 밝기가 덜 밝고 전지를 오래 사용할 수 있음.
- 전지 한 개를 빼도 남은 전지에 전류가 흘러 전구의 불이 꺼지지 않음.

전구의 직렬연결

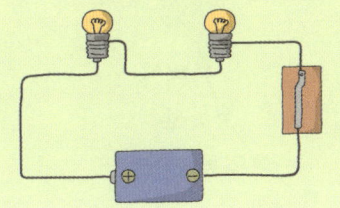

- 전구 여러 개를 끊어지지 않은 한 길로 연결하는 방법.
- 전구의 밝기가 덜 밝음.
- 전구 하나를 빼내면 전류가 흐르지 않아 남은 전구의 불이 꺼짐.

전구의 병렬연결

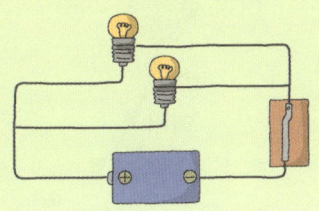

- 전구 여러 개를 두 개 이상의 전선에 나누어 연결하는 방법.
- 전구의 밝기가 더 밝음.
- 전구 하나를 빼내도 전류가 흘러 남은 전구의 불이 꺼지지 않음.

발광 發光 빛을 내는 것.
쏠 발 · 빛 광

전자석 電磁石 전기가 흐르는 자석.
전기 전 · 자석 자 · 돌 석

26
6학년 2학기 3. 계절의 변화

절기 節氣 계절의 기후.
철 절 · 기후 기

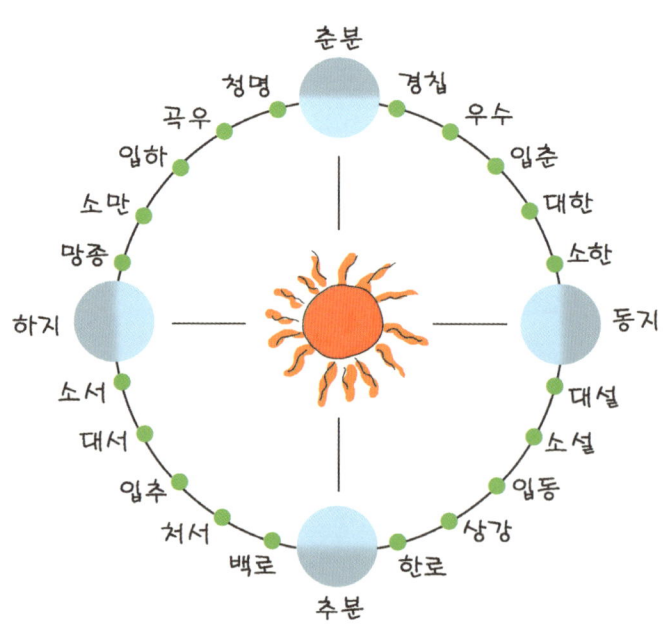

절기(節氣)는 태양이 지구의 어느 위치에 있는지에 따라 한 해를 스물넷으로 나눈 것을 말합니다. 절기를 통해 계절이나 날씨의 변화를 알 수 있지요.

봄의 절기

입춘(立春, 설 입, 봄 춘)	봄이 시작됨을 알림.
우수(雨水, 비 우, 물 수)	날씨가 풀려 비가 내림.
경칩(驚蟄, 놀랄 경, 겨울잠 자는 벌레 칩)	개구리가 겨울잠에서 깨어남.
춘분(春分, 봄 춘, 구분할 분)	낮과 밤의 길이가 같아짐. 3월 21일경.
청명(淸明, 맑을 청, 밝을 명)	하늘이 화창하며 봄 농사를 시작함.
곡우(穀雨, 곡식 곡, 비 우)	곡식의 씨뿌리기에 맞추어 비가 내림.

여름의 절기

입하(立夏, 설 입, 여름 하)	여름이 시작됨을 알림.
소만(小滿, 작을 소, 가득 찰 만)	모내기를 준비함.
망종(芒種, 까끄라기 망, 씨 종)	모내기를 하고 보리를 수확함.
하지(夏至, 여름 하, 이를 지)	1년 중에 낮의 길이가 가장 긴 날. 6월 22일경.
소서(小暑, 작을 소, 무더울 서)	더위가 시작됨.
대서(大暑, 클 대, 무더울 서)	1년 중에 가장 더움.

가을의 절기

입추(立秋, 설 입, 가을 추)	가을이 시작됨을 알림.
처서(處暑, 쉴 처, 무더울 서)	더위가 꺾이고 선선해짐.
백로(白露, 흴 백, 이슬 로)	풀잎에 이슬이 맺히기 시작함.
추분(秋分, 가을 추, 구분할 분)	춘분과 같이 낮과 밤의 길이가 같아짐. 9월 20일경.
한로(寒露, 찰 한, 이슬 로)	찬 이슬이 맺힘.
상강(霜降, 서리 상, 내릴 강)	서리가 내리기 시작함.

겨울의 절기

입동(立冬, 설 입, 겨울 동)	겨울이 시작됨을 알림.
소설(小雪, 작을 소, 눈 설)	첫눈이 내리기 시작함.
대설(大雪, 클 대, 눈 설)	눈이 가장 많이 내림.
동지(冬至, 겨울 동, 이를 지)	1년 중에 밤의 길이가 가장 긴 날. 12월 22일경.
소한(小寒, 작을 소, 찰 한)	작은 추위라는 뜻이지만 실제로 가장 추움.
대한(大寒, 클 대, 찰 한)	큰 추위라는 뜻이지만 소한보다는 덜 추움.

태양 고도 太陽高度
클 태 · 햇빛 양 · 높을 고 · 정도 도

태양이 얼마나 높이 떠 있는지를 재는 정도.

태양 고도는 태양이 얼마나 높이 떠 있는지를 알려 주는 정도입니다. 태양의 높이를 각도로 나타낼 때 태양이 지표면과 이루는 각을 태양 고도라고 하지요.

남중 南中
남쪽 남 · 가운데 중

태양이 남쪽 한가운데에 있는 것.

남중은 태양이 남쪽 가운데에 있다는 뜻인데요. 이때의 태양 고도를 가리켜 '태양의 남중 고도(南中高度, 남쪽 남, 가운데 중, 높을 고, 정도 도)'라고 합니다. 태양은 남중할 때 고도가 가장 높습니다.

---

27 6학년 2학기 4. 연소와 소화

연소 燃燒
탈 연 · 탈 소

물질이 타는 것.

발화점 發火點
필 발 · 불 화 · 점 점

불이 붙기 시작하는 점.

소화 消火
사라질 소 · 불 화

불이 꺼지는 것.

물질이 타기 위해서는 반드시 산소가 있어야 합니다. 그래서 물질이 산소와 반응해 열과 빛을 내며 타는 것을 **연소**(燃燒)라고 합니다.
그런데 아무리 물질과 산소가 있다고 해도 일정한 온도가 되지 않으면 불이 붙지 않아요. 불이 붙는 일정한 온도를 **발화점**(發火點)이라고 하지요.
결국 불이 붙어 타기 위해서는 세 가지 조건이 갖추어져야 하는데요.
첫 번째 탈 물질이 있어야 합니다. 두 번째로 산소가 있어야 하고, 세 번째로는 발화점 이상의 온도가 되어야 하지요.
반대로 세 가지 조건 가운데 하나라도 부족하거나 사라지면 불은 꺼집니다. 이렇게 세 가지 조건 가운데 하나 이상을 없애서 불을 끄는 것을 **소화**(消火)라고 합니다.

사회 社會

升堂入室
오를 승 집 당 들 입 방 실

승당입실
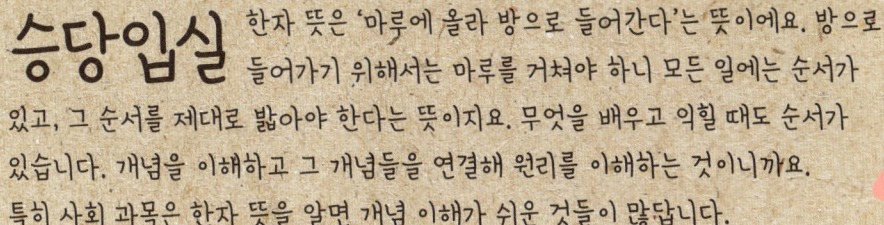

한자 뜻은 '마루에 올라 방으로 들어간다'는 뜻이에요. 방으로 들어가기 위해서는 마루를 거쳐야 하니 모든 일에는 순서가 있고, 그 순서를 제대로 밟아야 한다는 뜻이지요. 무엇을 배우고 익힐 때도 순서가 있습니다. 개념을 이해하고 그 개념들을 연결해 원리를 이해하는 것이니까요. 특히 사회 과목은 한자 뜻을 알면 개념 이해가 쉬운 것들이 많답니다.

01

3학년 1학기 1. 우리 고장의 모습

위치	位置	어떤 물체가 있는 자리.
	자리 위 · 둘 치	

인공위성	人工衛星	사람이 만든 위성.
	사람 인 · 만들 공 · 지킬 위 · 별 성	

위성(衛星)은 지구 주위를 도는 달처럼 행성(行星)의 주위를 도는 별을 말합니다. 옛날 사람들은 달이 지구를 지킨다고 여겨서 이런 명칭을 붙였답니다.

영상	映像	화면에 나타나는 모양.
	비출 영 · 모양 상	

지도	地圖	땅의 생김새를 그린 그림.
	땅 지 · 그림 도	

백지도	白地圖	하얀 지도.
	흰 백 · 땅 지 · 그림 도	

땅에 있는 여러 장소의 밑그림만 그린 지도를 백지도라고 합니다. 모든 지역이 하얗게 그려져 있어 이렇게 부르지요.

확대	擴大	크게 넓힘, 크게 키움. 반대말은 축소(縮小).
	넓힐 확 · 큰 대	

축소	縮小	작게 줄임. 반대말은 확대(擴大).
	줄일 축 · 작을 소	

이동 **移動** 다른 곳으로 움직여 옮기는 것.
옮길 이 움직일 동

유원지 **遊園地** 사람들이 즐기기 위해 만든 동산이나 지역.
놀 유 동산 원 땅 지

안내도 **案內圖** 어떤 지역의 안쪽을 그린 그림.
경계 안 안 내 그림 도

안내도는 한 지역을 소개하는 그림이랍니다.

3학년 1학기 2. 우리가 알아보는 고장 이야기

종루 **鐘樓** 종을 두었던 다락.
종 종 다락 루

예전에 시각을 알려 주기 위해 치는 종을 설치해 둔 곳을 종루라고 합니다. 서울에서 종루가 있던 거리를 종로(鐘路, 종 종, 거리 로)라고 하고요.

문화유산 **文化遺産** 후대에 전한 문화의 성과물.
문화 문 될 화 남길 유 산물 산

문화유산은 우리 선조가 남긴 문화 가운데 다음 세대에 전할 만한 가치가 있는 성과물을 말합니다.

호 號 이름 대신 부르는 호칭.
호 호

포은 圃 隱 시골 밭에 숨어 지내는 사람.
밭 포   숨을 은

고려 시대에 활동했으며 충성스러운 신하의 대명사로 알려져 있는 정몽주의 호입니다.

명정 銘 旌 죽은 사람의 이름을 써서 만든 깃발.
새길 명   깃발 정

피마 避 馬 말을 피하는 것.
피할 피   말 마

조선 시대에 말을 타고 가는 양반을 피하는 것을 이릅니다. 양반을 피하기 위해 백성들이 다니던 길을 '피마골'이라고 불렀고, 이 말이 변해서 오늘날은 '피맛골'이라고 부른답니다.

유기 鍮 器 놋쇠로 만든 그릇.
놋쇠 유   그릇 기

옥황상제 玉 皇 上 帝 도교에서 하느님을 가리켜 부르는 명칭.
소중할 옥   황제 황   임금 상   임금 제

가장 소중하고 높은 임금님이라는 뜻이지요.

삼천갑자 三千甲子 육십갑자의 3천 배.
셋 **삼** 일천 **천** 첫째 천간 **갑** 첫째 지지 **자**

육십갑자의 3천 배는 18만 년이니 매우 오랜 기간을 뜻합니다. 육십갑자는 예전에 동양에서 연도(해)를 나타내던 것으로, 갑자, 을축, 병인… 등 모두 60종류가 있답니다. 그래서 육십갑자 하면 60년을 나타내지요.

지명 地名 땅이나 지역을 부르는 이름.
땅 **지** 이름 **명**
서울, 경기도, 부산, 광주 등이 모두 지명이랍니다.

독도 獨島 홀로 있는 섬.
홀로 **독** 섬 **도**

대한민국 동쪽 끝에 위치한 섬으로, 대한민국 영토입니다.

유래 由來 어떤 것으로 말미암아 일어나거나 나타난 일.
말미암을 **유** 올 **래**

'지명의 유래'라고 하면, '고장의 명칭이 어떻게 해서 생겨났는가?'라는 뜻입니다.

전설 傳說 예로부터 전해 오는 이야기.
전할 **전** 이야기 **설**

민담 民譚 백성들 사이에 전해 오는 이야기.
백성 **민** 이야기 **담**

속담 俗談 (풍속 속, 이야기 담) — 옛날 사람들의 풍속을 통해 전해 오는 이야기.

향교 鄕校 (시골 향, 학교 교) — 예전에 각 마을에 있던 학교.

고려와 조선 시대에 있던 지방의 교육 기관을 이릅니다.

구연동화 口演童話 (입 구, 행할 연, 아이 동, 이야기 화) — 입으로 펼치는 동화.

동화를 읽으면서 전해 주는 것이 구연동화입니다.

범종 梵鐘 (범어 범, 종 종) — 절에서 사람을 모이게 하거나 시각을 알리기 위하여 치는 큰 종.

범어(梵語, 불경 범, 말씀 어)는 불교가 처음 탄생한 인도에서 사용하던 언어입니다. 그래서 불교에서 사용하는 용어 가운데는 범어로 된 게 많답니다.

병창 竝唱 (함께할 병, 노래 부를 창) — 함께하면서 부르는 노래.

'가야금 병창'은 가야금을 켜면서 노래를 부르는 것입니다.

전통장 箭筒匠 (화살 전, 대통 통, 장인 장) — 화살 담는 통을 만드는 장인.

첨성대 **瞻 星 臺** 별을 살펴보던 돈대.
볼 첨 / 별 성 / 돈대 대

신라 시대에 하늘의 별을 관찰하던 곳이지요.

불국사 **佛 國 寺** 부처님 나라라는 뜻의 절.
부처 불 / 나라 국 / 절 사

신라 시대에 김대성이 지은 절의 이름입니다.

석굴암 **石 窟 庵** 굴을 파서 돌로 만든 암자.
돌 석 / 굴 굴 / 암자 암

석굴암도 김대성이 지었다고 합니다.

여기서 별을 보았다고? 그래서 첨성대군!

굴속에 이런 불상을 만들어 놓다니…. 석굴암은 국보 제24호로 지정될 만해.

보시 布施
보시 보 **베풀 시**
넓게 펼 포

넓게 베푼다는 뜻으로, 불교에서 사용하는 단어.

'보시'의 한자 '布施'는 '넓게 펼 포, 베풀 시'입니다. 그러니까 그대로 읽으면 '포시'지요. 그러나 불교에서 사용할 때는 '보시'라고 읽습니다.

현생 現生
현재 현 **살 생**

지금 살고 있는 삶.

전생 前生
앞 전 **살 생**

과거에 살던 삶.

이 세상에 태어나기 전에 살던 삶을 뜻하는데, 불교에서 유래한 단어입니다.

혼례식 婚禮式
혼인할 혼 **예법 례** **의식 식**

결혼하는 의식.

요즘에는 결혼식(結婚式, 맺을 결, 혼인할 혼, 의식 식)이라고 하지만 예전에는 혼례식이라고 했습니다.

가옥 家屋
집 가 **집 옥**

집을 이르는 한자어.

답사 踏査
밟을 답 **조사할 사**

직접 발로 길을 밟으며 조사하는 것.

3학년 1학기 3. 교통과 통신 수단의 변화

03

교통수단 交通手段
오고갈 **교** 통할 **통** 힘 **수** 부분 **단**

서로 오고가며 통하기 위한 수단.

사람이 이동할 때나 물건을 옮길 때 사용하는 것을 이릅니다.

통신 通信
통할 **통** 신호 **신** / 소식 **신**

서로 약속한 신호나 소식을 주고받는 것.

전차 電車
전기 **전** 차 **차**

전기의 힘을 이용한 차량.

증기선 蒸氣船   수증기의 힘을 이용해 움직이는 배.
찔 **증** / 기운 **기** / 배 **선**
김이 오를 **증**

비행기 飛行機   날아서 먼 곳까지 가는 기계.
날 **비** / 갈 **행** / 기계 **기**

승용차 乘用車   사람이 타고 이동하는 데 사용하는 자동차.
탈 **승** / 쓸 **용** / 차 **차**

고속 高速   매우 빠른 것.
높을 **고** / 빠를 **속**

고속 열차는 매우 빨리 달리는 열차, 고속버스는 매우 빨리 달리는 버스랍니다.

택배 宅配   집까지 배달하는 것.
집 **택** / 분배할 **배**

주유소 注油所   기름을 넣는 곳.
부을 **주** / 기름 **유** / 장소 **소**

휴게소 休憩所   쉬기 위해 설치한 장소.
쉴 **휴** / 쉴 **게** / 장소 **소**

경운기 耕耘機   밭을 갈고 김을 매는 기계.
밭 갈 **경** / 김맬 **운** / 기계 **기**

논밭을 갈아 일구거나 농사일에 사용하는 기계입니다.

혼사 婚事 — 결혼하는 일.
혼인할 혼 / 일 사

서찰 書札 — 소식을 써서 전하는 편지.
쓸 서 / 편지 찰
오늘날의 편지를 가리키는 말입니다.

방 榜 — 여러 사람들에게 널리 알리기 위하여 길거리 등에 써 붙인 글.
방 붙일 방

봉수 烽燧 — 불이나 횃불을 피워 소식을 전하는 것.
봉화 봉 / 횃불 수

예전에 나라에 큰 난리가 나면, 낮에는 불을 피워 연기를 올리고 밤에는 횃불을 붙여 소식을 전했습니다.

속보 速報 — 소식을 빨리 알리는 것.
빠를 속 / 알릴 보

전화 電話 — 전기를 통해 말을 전하는 기구.
전기 전 / 말할 화

휴대 携帶 — 손에 들거나 몸에 차는 것.
들 휴 / 찰 대

'휴대 전화'는 '몸에 지니고 다니는 전화'라는 뜻이지요.

화상 통화 畫像通話 — 상대방의 모습을 보면서 전화를 하는 것.
그림 화 / 모양 상 / 통할 통 / 말할 화

수족관 水族館
물 수 · 무리 족 · 건물 관

물에 사는 동물들을 무리로 구분하여 기르는 건물.

물속에 사는 여러 동물들을 기르면서 그 생태를 연구하거나 사람들이 관람하도록 만든 시설을 이릅니다.

잠수부 潛水夫
잠길 잠 · 물 수 · 사내 부

물속에 들어가 활동하는 사람.

수신호 手信號
손 수 · 신호 신 · 신호 호

손으로 신호를 보내 알리는 것.

무선 無線
없을 무 · 줄 선

선 없이 통신이나 방송, 전기 등을 보내는 것.

반대말은 유선(有線, 있을 유, 줄 선)입니다. 그래서 무선 인터넷의 반대말은 유선 인터넷이지요.

화상 통화

미세 먼지 微細— 작고 가는 먼지.
작을 미 가늘 세

3학년 2학기 1. 우리 지역, 다른 지역

지명 地名 땅이나 지역을 부르는 이름.
땅 지 이름 명 서울, 경기도, 부산, 광주 등이 모두 지명이랍니다.

만 灣 물이 굽어 들어온 곳.
물굽이 만

만은 바다가 육지 쪽으로 들어온 곳을 말하고, 곶은 육지가 바다 쪽으로 뻗어 나간 곳을 이릅니다.

교류 交流 사람들이 서로 사귀고 물건이나 문화 등이 이곳에서 저곳으로 흘러가는 것.
사귈 교 흐를 류

3학년 2학기 2. 달라지는 생활 모습

의생활 衣生活 옷과 관련된 생활.
옷 의 살 생 살 활

식생활	食生活 먹을 식　살 생　살 활	먹는 것과 관련된 생활.
주생활	住生活 살 주　살 생　살 활	사는 곳과 관련된 생활.
의식주	衣食住 옷 의　먹을 식　살 주	입는 것과 먹는 것과 사는 것.
온돌	溫突 따뜻할 온　굴뚝 돌	방을 따뜻하게 만드는 굴뚝.

온돌은 구들이라고 합니다. 온돌은 돌로 만들어졌기 때문에 천천히 데워지고 천천히 식습니다. 그래서 아궁이의 불이 꺼져도 방바닥은 오랫동안 따뜻하지요. 또한 방 밖에서 불을 피우고 연기는 굴뚝으로 빠져나가기 때문에 방 안에는 재나 연기가 날리지 않습니다.

톺아보고 모아읽기

의(衣)는 '옷'을 뜻합니다. 식(食)은 '음식, 먹는다'는 뜻이지요. 주(住)는 '집, 살다'의 뜻입니다. 그래서 **의식주**(衣食住)를 사람이 살아가는 데 꼭 필요한 세 가지라고 합니다. 생활을 위해서는 음식과 옷, 그리고 살 집이 필요하니까요.

한(韓)은 우리나라를 뜻하는 한자입니다. 그래서 이 글자가 들어가는 단어는 대부분 우리나라 전통과 관련된 것들이랍니다.

우리 겨레가 입는 고유의 옷은 **한복**, 우리 조상들이 만들어 사용하던 종이는 **한지**, 우리나라의 고유한 집 형태는 **한옥**이라고 하지요. 당연히 우리나라 이름

한옥 韓屋
나라 이름 **한**　집 **옥**

우리 겨레가 우리 방식으로 짓고 사는 집.

우리나라의 전통적인 건축 양식으로 지은 집을 이릅니다. 자연에서 얻을 수 있는 나무와 짚, 흙, 한지(韓紙)를 재료로 사용해 짓습니다.

한지 韓紙
나라 이름 **한**　종이 **지**

우리나라에서 오래전부터 만들어 온 고유의 종이.

한복 韓服
나라 이름 **한**　옷 **복**

우리 겨레가 입는 고유의 옷.

인 **대한민국**(大韓民國, 큰 대, 나라 이름 한, 백성 민, 나라 국)에도 이 글자가 들어 있습니다.

06

3학년 2학기 3. 다양한 삶의 모습들

문화 文化 사람들이 모여 만드는 다양한 것들.
문화 **문** 될 **화**

사람들이 함께 모여 생활하면서 만들고 전하는 다양한 생활 방식을 말합니다.

폐백 幣帛 예물로 올리는 비단.
예물 **폐** 비단 **백**

결혼할 때 신부가 신랑의 부모님께 첫인사를 올리는 것을 말합니다.

성년식 成年式 성인이 되는 해에 치르는 의식.
성인 **성** 해 **년** 의식 **식**

옛날에는 성년이 되면 남자는 상투를 틀고 갓을 썼으며, 여자는 머리를 올려 쪽을 찌고 비녀를 꽂았습니다. 요즘은 만 20세가 되면 성년이 된 것을 축하하는데, 매년 5월 셋째 주 월요일을 '성년의 날'로 정해 놓고 있습니다.

장례 葬禮 죽은 사람을 장사 지내는 예식.
장사 지낼 **장** 예법 **례**

봉안당 奉安堂 돌아가신 분을 받들어 평안히 모시는 집.
받들 **봉** 평안할 **안** 집 **당**

납골당(納骨堂, 바칠 **납**, 뼈 **골**, 집 **당**)이라고도 합니다.

수목장 樹木葬
나무 **수**　나무 **목**　장사 지낼 **장**

나무에 장사를 지내는 것.

돌아가신 분의 뼛가루를 나무 밑에 묻고 장례를 치르는 것을 말합니다.

제사 祭祀
제사 지낼 **제**　제사 **사**

돌아가신 분을 기려 지내는 의식.

편견 偏見
치우칠 **편**　볼 **견**

바로 보지 않고 한쪽으로 치우쳐서 바라보는 것.

차별 差別
어긋날 **차**　나눌 **별**

두 가지에 대해 똑같이 평가하지 않고 어긋난 평가를 하고 다르게 대하는 것.

이민 移民
옮길 **이**　백성 **민**

사람들이 옮겨 가 사는 것.

07

4학년 1학기 1. 지역의 위치와 특성

방위표 方位表
방향 **방** 위치 **위** 표 **표**
지도에서 동, 서, 남, 북의 네 방향을 알려 주는 표.

축척 縮尺
줄일 **축** 길이 **척**
지도에 나타내기 위해 실제 길이를 줄이는 것.

중심지 中心地
가운데 **중** 한가운데 **심** 땅 **지**
한가운데 있는 땅.

어떤 일이나 활동을 하기 위하여 사람들이 많이 모이는 곳을 이릅니다.

점토 粘土
끈끈할 **점** 흙 **토**
끈끈한 흙. 진흙.

점토 판 지도 粘土板地圖
끈끈할 **점** 흙 **토** 널빤지 **판** 땅 **지** 그림 **도**

진흙 판에 그린 지도.

점토 판은 진흙으로 만든 판으로, 이 위에 나뭇가지로 지도를 그린 후 햇볕에 말려 굳힌 지도가 점토 판 지도입니다. 오랜 시간이 지나도 변하지 않지요.

기호 記號
기록할 **기** 신호 **호**
어떠한 뜻이나 대상을 나타내기 위해 사용하는 부호나 그림, 문자 따위를 통틀어 이르는 말.

범례 凡例
모두 **범** 보기 **례**

사용한 모든 보기를 가리키는 것.

지도에서 사용한 모든 기호의 뜻을 나타낸 것을 범례라고 합니다. 이를테면 지도에 사용한 ⚓ 기호는 항구를 나타냅니다.

등고선 等高線
같을 **등** 높을 **고** 선 **선**

같은 높이의 지역을 나타내는 선.

등(等)은 '같다'는 뜻의 한자예요. 그래서 등고선은 지도에서 높이가 같은 곳을 선으로 이어 땅의 높낮이를 나타낸 것을 말합니다.

산업 産業
만들 **산** 일 **업**

물건을 만드는 일.

상업 商業
장사할 **상** 일 **업**

물건을 사고파는 일.

기원전 2500년경에 만들어진 점토 판 지도라니, 정말 놀랍군.

4학년 1학기 2. 우리가 알아보는 지역의 역사

무형 문화재 　無形文化財
없을 **무** ／ 모양 **형** ／ 문화 **문** ／ 될 **화** ／ 재산 **재**

형체가 없는 문화재.

눈에 보이지 않지만 역사적, 예술적으로 가치를 품고 있는 문화, 또는 그러한 기술을 가지고 있는 사람을 이릅니다.

유형 문화재 　有形文化財
있을 **유** ／ 모양 **형** ／ 문화 **문** ／ 될 **화** ／ 재산 **재**

형체가 있는 문화재.

역사적, 예술적 가치를 품고 있는 건물, 회화, 조각, 공예품, 책 따위와 같이 형체가 있는 문화적 유산을 이릅니다.

어진 　御眞
다스릴 **어** ／ 참 **진**

임금의 진짜 모습.
임금의 초상화를 이릅니다.

면담 　面談
얼굴 **면** ／ 이야기할 **담**

얼굴을 마주 보고 이야기를 나눔.
직접 만나 물어보며 조사하는 방법입니다.

주제망 　主題網
주인 **주** ／ 제목 **제** ／ 그물 **망**

주제에 대해 떠오르는 생각들을 연결해 그물 모양으로 나타내는 것.

혼천의 　渾天儀
가지런할 **혼** ／ 하늘 **천** ／ 측정 기구 **의**

하늘의 질서를 측정하는 기구.
→ 128~129p 사회, 5학년 2학기 3. 유교 문화가 발달한 조선

간의 　簡儀
줄일 **간** ／ 측정 기구 **의**

간단하게 만든 측정 기구.
→ 128~129p 사회, 5학년 2학기 3. 유교 문화가 발달한 조선

앙부일구 仰釜日晷
우러를 **앙** · 솥 **부** · 해 **일** · 그림자 **구**

→ 129~130p 사회, 5학년 2학기
3. 유교 문화가 발달한 조선

해를 향한 채 해의 그림자를 표시하는 솥 모양의 기구.

조선 시대에 사용하던 해시계로, 솥 모양의 그릇 안쪽에 24절기를 나타내는 눈금을 새기고, 북극을 가리키는 바늘을 꽂아, 이 바늘의 그림자가 가리키는 눈금에 따라 시각을 알 수 있게 만들었습니다.

자격루 自擊漏
스스로 **자** · 때릴 **격** · 물 샐 **루**

물을 이용해 스스로 시간을 알리는 물시계.
→ 129~130p 사회, 5학년 2학기 3. 유교 문화가 발달한 조선

세종 때 장영실, 김빈 등이 왕명을 받아 만든 물시계로, 물이 흐르는 것을 이용하여 저절로 소리가 나게 해서 시간을 알리는 기구입니다.

톺아보고 모아 읽기

문화재(文化財)는 '한 나라나 겨레의 문화 활동이 낳은 재산'을 이릅니다. 문화재 가운데는 유형 문화재, 무형 문화재, 민속 문화재, 천연기념물, 사적, 명승지 따위가 두루 포함됩니다.

유형 문화재(有形文化財)는 '형태가 있는 문화재'입니다. 실제로 있어서 눈에 보이는 것이지요. 이에는 국보나 보물, 사적, 명승지, 천연기념물, 미술품 등이 두루 포함됩니다.

반면에 **무형 문화재**(無形文化財)는 '형태가 없는 문화재'입니다. 실제로 있는 물건이 아니라 예술적, 역사적 가치를 지닌 문화 활동 또는 그러한 문화 활동을 하고 있는 사람을 가리키는 말이지요. 우리 무형 문화재 가운데 대표적인 것이 판소리입니다. 판소리는 국가 무형 문화재 제5호인데요. 판소리를 하는 사람은 있어도 판소리는 눈에 보이지 않지요. 그렇지만 당당히 국가의 문화재랍니다.

수도권 首都圈 — 나라의 도읍이 자리한 범위.
머리 수 도읍 도 범위 권

우리나라에서는 서울특별시, 인천광역시, 경기도 지역을 이릅니다.

신도시 新都市 — 새롭게 만든 도시.
새 신 도읍 도 시가 시

여가 餘暇 — 남아서 여유 있게 지낼 수 있는 시간.
남을 여 여유 있을 가

분포 分布 — 나뉘어 널리 퍼져 있는 것.
나눌 분 널리 퍼질 포

광역시 廣域市 — 넓은 지역을 담당한 시.
넓을 광 지역 역 시가 시

일반 시보다 더 넓은 지역을 담당하는 상급 지방 자치 단체를 이릅니다.

수질 오염 水質汚染 — 물의 질이 더럽게 물든 것.
물 수 성질 질 더러울 오 물들일 염

4학년 1학기 3. 지역의 공공 기관과 주민 참여

공공 기관 公共機關 모든 이들을 위해 공적인 일을 담당하는 곳.
공적인 **공**　함께 **공**　틀 **기**　기관 **관**

국가가 세우고 관리하는 경우가 대부분입니다.

소방서 消防署 불을 끄고 화재를 막는 관청.
불 끌 **소**　막을 **방**　관청 **서**

보건소 保健所 건강을 지키는 곳.
지킬 **보**　건강 **건**　장소 **소**

경찰서 警察署 사회를 경계하고 살피는 관청.
경계할 **경**　살필 **찰**　관청 **서**

교육청 敎育廳 청소년을 가르치고 길러 내는 관청.
가르칠 **교**　기를 **육**　관청 **청**

도서관 圖書館 그림과 책을 모아 놓은 건물.
그림 **도**　책 **서**　건물 **관**

견학 見學 보고 배우는 것.
볼 **견**　배울 **학**

소음 騷音 여기저기서 떠들어 불쾌감을 주는 소리.
떠들 **소**　소리 **음**

노후화 老朽化 — 물건이나 시설이 오래되어 썩거나 낡음.
오래될 노 썩을 후 될 화

'주택 노후화'는 사람들이 사는 집이 오래되어 더 이상 살 수 없을 만큼 낡은 것을 이릅니다.

다수결 多數決 — 어떤 일을 결정할 때 많은 사람들이 지지한 것에 따르는 것.
많을 다 수 수 / 셀 수 결정할 결

'다수결의 원칙'은 의견을 결정할 때 많은 사람이 지지한 것에 따르는 원칙입니다.

기피 시설 忌避施設 — 사람들이 꺼리고 피하는 시설.
꺼릴 기 피할 피 설치할 시 세울 설

쓰레기와 관련된 시설이나 먼지 또는 소음을 일으키는 시설 등을 이릅니다.

시민 단체 市民團體 — 시민들이 모여서 만든 단체.
시가 시 백성 민 모일 단 모양 체

지역의 문제를 해결하기 위해 뜻을 함께하는 사람들이 모여서 만든 단체입니다.

주민 참여 住民參與 — 사는 사람들이 함께 참가하고 더불어 일을 하는 것.
살 주 백성 민 참가할 참 더불어 여

'주민 투표'는 주민들이 모여 자신들과 관련된 일을 투표로 결정하는 것을 말하지요.

풍속 風俗
풍습 풍 · 세상 속

세상 사람들 사이에 전해 내려오는 풍습.

세시 풍속 歲時風俗
세월 세 · 때 시 · 풍습 풍 · 세상 속

세월의 때에 맞추어 세상 사람들이 실시하던 풍습.

설날에 떡국을 먹고 연날리기나 윷놀이를 하는 것, 추석에 송편을 빚어 먹는 것 등이 모두 세시 풍속이랍니다.

청동 靑銅
푸를 청 · 구리 동

푸른 구리. 구리에 주석이나 아연을 섞어 만든 것.

청동으로 만든 여러 물건을 사용하던 시대를 청동기 시대(靑銅器時代, 푸를 청, 구리 동, 도구 기, 때 시, 시대 대)라고 부릅니다.

비파형 동검 琵琶形銅劍
비파 비 · 비파 파 · 모양 형 · 구리 동 · 칼 검

비파라는 악기처럼 생긴 동으로 만든 칼.

여기서 '동(銅)'은 청동을 말하는데요. 청동으로 만든 칼의 모양이 비파라는 악기를 닮아서 비파형 동검이라고 한답니다.

탈곡기 脫穀機
껍질 벗길 탈 · 곡식 곡 · 기계 기

곡식의 껍질을 벗겨 내는 기계.

벼, 보리를 비롯한 각종 곡물의 줄기에서 그 곡물의 이삭을 떼어 내어 알맹이만 거두는 기계입니다.

초가집 草家— 풀로 지붕을 만들어 얹은 집.
풀 초　집 가

흙으로 벽을 만들고 짚이나 갈대를 엮어서 지붕을 만들었습니다.

차례 茶禮 조상님께 차를 비롯한 음식을 올리는 제사.
차 차　예법 례　설날이나 추석에 차례를 지낸답니다.

톺아보고 모아읽기

인류 문명이 발전하면서 청동기 시대가 나타납니다. 청동기 시대에는 돌 대신 **청동**(靑銅)으로 다양한 물건들을 만들어서 사용했습니다. 청동기를 만들기 위해서는 금속을 가공할 수 있는 기술이 필요하겠지요. 그래서 돌을 이용해 도구를 만들던 석기 시대에 비해 훨씬 뛰어난 문명을 가지고 있었답니다. 청동기 시대의 대표적인 유물인 **비파형 동검**(琵琶形銅劍)은 '청동으로 만든 비파 모양의 칼'이란 뜻이에요. 비파는 오래전부터 사용하던 악기입니다.

명절 名節
이름 명 | 절기 절

해마다 일정한 날을 기념하는 때.

설날, 추석, 정월 대보름, 한식, 단오, 동지 등이 모두 명절에 속합니다.

한식 寒食
찰 한 | 밥 식

찬 음식을 먹는 날.

한식날에는 조상의 묘를 돌아보는 성묘와 함께 불을 쓰지 않고 찬 음식을 먹는 풍속이 있습니다.

삼복 三伏
셋 삼 | 엎드릴 복

한 해 가운데 가장 더운 때.

삼복은 초복(初伏, 처음 초, 엎드릴 복), 중복(中伏, 가운데 중, 엎드릴 복), 말복(末伏, 끝 말, 엎드릴 복)을 합쳐 이릅니다.

중양절 重陽節
겹칠 중 | 볕 양 | 절기 절

9가 두 번 겹치는 때.

음력 9월 9일을 말합니다. 예전부터 동양에서는 홀수가 두 번 겹치는 날에는 복이 들어온다고 해서 명절로 지내 왔는데, 중양절도 그 가운데 하루입니다. 국화 꽃잎으로 국화전을 부쳐 먹거나 경치가 좋은 곳으로 놀러 가는 풍속이 있지요.

동지 冬至
겨울 동 | 이를 지

겨울의 가운데에 이른 때.

겨울의 중심이라는 뜻으로, 일 년 가운데 밤이 가장 긴 날입니다.

| 세배 | 歲拜
해 세 / 절 배 | 새로운 해를 맞아 어른께 절을 올리는 것.
세배는 새해 첫날인 설날에 합니다. |

| 단오 | 端午
처음 단 / 다섯 오 | 처음 맞이하는 다섯 번째 날.
음력 5월 5일을 이릅니다. |

11 4학년 2학기 2. 사회 변화와 우리 생활

| 재혼 | 再婚
다시 재 / 혼인할 혼 | 다시 결혼하는 것. |

톺아보고 모아읽기

가족의 모습에는 여러 가지가 있습니다. 부모님 가운데 한 분이 새로운 결혼, **재혼**(再婚)을 하시면 또 다른 가족이 생기지요. 또 본래 우리 가족이 아닌 새로운 가족을 들이는 **입양**(入養)을 해도 가족이 생깁니다. 부모님 가운데 한 분만 계신 한부모 가정이나 할아버지, 할머니와 함께 사는 조손(祖孫, 할아버지 조, 손자 손) 가정도 모두 가족의 모습입니다.

또 확대 가족과 핵가족으로 나누기도 하는데요. **확대 가족**(擴大家族)은 자녀가 결혼을 한 후에도 부모님을 모시고 사는 경우를 말합니다. 반면에 **핵가족**(核家族)은 자녀가 결혼하면 부모님 집에서 나가 따로 사는 가족을 말하지요.

입양	入養	새로운 가족을 들여서 기르는 것.
	들 입 / 기를 양	
확대 가족	擴大家族	크고 넓은 가족.
	넓힐 확 / 클 대 / 집 가 / 가족 족	
핵가족	核家族	씨처럼 작은 가족.
	씨 핵 / 집 가 / 가족 족	
성 역할	性役割	남성과 여성에 따른 역할.
	남녀 성 / 일 시킬 역 / 나눌 할	
성차별	性差別	남성과 여성을 차별하는 것.
	남녀 성 / 어긋날 차 / 나눌 별	
양성평등	兩性平等	남성과 여성이 똑같은 대우를 받는 것.
	두 양 / 남녀 성 / 평평할 평 / 같을 등	

| 인구 | 人口
 사람 인 / 입 구 | 사람의 수. |

| 저출산 | 低出産
 낮을 저 / 날 출 / 태어날 산 | 아이를 적게 낳는 것. |

| 고령화 | 高齡化
 높을 고 / 나이 령 / 될 화 | 사회를 구성하고 있는 사람들의 나이가 점차 많아지는 것. |

| 소수자 | 少數者
 적을 소 / 수 수, 셀 수 / 사람 자 | 사회에서 그 수가 적은 사람들. |

톺아보고 모아읽기

성(性)은 '남자와 여자'라는 뜻을 갖습니다. 그래서 남자와 남성(男性), 여자와 여성(女性)은 같은 의미입니다.

성 역할(性役割)은 '남성이냐 여성이냐에 따라 하는 일이나 행동이 정해져 있다'는 뜻이에요. 그러나 이는 옛날 생각이지요. 오늘날 남성과 여성이 각기 정해진 일이나 행동만 해야 한다고 여긴다면 사회의 발전은 이루어질 수 없어요.

성차별(性差別)은 성이 다르다는 이유만으로 차별하는 것을 말합니다. 세계적으로 앞서가는 나라일수록 이런 차별은 없지요. 반면에 후진국일수록 성차별이 있답니다.

양성평등(兩性平等)은 성차별과는 반대되는 뜻이에요. 남성과 여성을 차별 없이 똑같이 대우한다는 뜻이니까요.

국제결혼 國際結婚 나라가 다른 사람끼리 하는 결혼.
나라 **국**   사이 **제**   맺을 **결**   혼인할 **혼**

다문화 가정 多文化家庭
많을 **다**   문화 **문**   될 **화**   집 **가**   집안 **정**

문화가 다른 사람이 모여 이루어진 가정.

인권 人權 사람이라면 누구나 가지고 있는 권리.
사람 **인**   권리 **권**

소수자(少數者)는 우리 사회에서 다수(多數, 많을 **다**, 수·셀 **수**)의 사람들과 여러 가지가 다르다는 이유로 부당한 대우와 차별을 받는 사람들을 이릅니다. 소수자들은 몸이 다른 사람들과 다르다는 이유로, 종교가 다르다는 이유로, 돈이 적다는 이유로, 다른 나라에서 왔다는 이유로, 고향이 다르다는 이유로, 장애가 있다는 이유로 차별을 받기도 한답니다. 이는 매우 잘못된 일이에요. 누구든지 새로운 나라에 가거나 삶이 변하면 소수자가 될 수 있으니까요.

나라가 다른 사람끼리 결혼하는 것을 **국제결혼**(國際結婚)이라고 합니다. 다른 나라에서 살던 사람들은 문화, 즉 풍습이나 종교, 생활 습관 따위가 다릅니다. 그래서 국제결혼을 한 가정을 **다문화 가정**(多文化家庭)이라고 합니다. '문화가 여럿인 가정'이라는 뜻이지요.

12 4학년 2학기 3. 지역 사회의 발전

상징 象徵 분명히 드러내는 모양.
모양 **상** / 명백히 할 **징**

교표 校標 학교를 나타내는 표.
학교 **교** / 우듬지 **표**

교화 校花 학교를 상징하는 꽃.
학교 **교** / 꽃 **화**

교목 校木 학교를 상징하는 나무.
학교 **교** / 나무 **목**

교가 校歌 학교를 상징하는 노래.
학교 **교** / 노래 **가**

자원봉사 自願奉仕 스스로 원해서 돕고 섬기는 것.
스스로 **자** / 원할 **원** / 도울 **봉** / 섬길 **사**

시민 단체 市民團體 시민들이 모여서 만든 단체.
시가 **시** / 백성 **민** / 모일 **단** / 모양 **체**

지역의 문제를 해결하기 위해 뜻을 함께하는 사람들이 모여서 만든 단체입니다.

면담 面談 얼굴을 마주 보고 이야기를 나눔.
얼굴 **면** / 이야기할 **담**
직접 만나 물어보며 조사하는 방법입니다.

질문지 조사 質問紙調査
성질 **질**   물을 **문**   종이 **지**   조절할 **조**   조사할 **사**

질문지를 통해 하는 조사.

교(校)는 '학교'를 뜻하는 한자예요. 그래서 이 글자가 들어가는 단어들은 대부분 학교와 관련이 있답니다.

교표(校標)는 학교를 **상징**(象徵)하는 무늬를 새긴 표이고, **교화**(校花)는 학교를 상징하는 꽃이에요. 또 **교목**(校木)은 학교를 상징하는 나무이고, **교가**(校歌)는 학교를 상징하는 노래랍니다.

학교와 관련 있는 글자 가운데 교(敎, 가르칠 교)도 있어요. 교(校)와 소리가 같아서 헷갈리는데요. 이 글자도 무척 많이 쓰인답니다. 교사(敎師, 가르칠 교, 스승 사), 교실(敎室, 가르칠 교, 집 실), 교무실(敎務室, 가르칠 교, 일 무, 집 실), 교육(敎育, 가르칠 교, 기를 육) 등에 쓰입니다.

13. 5학년 1학기 1. 살기 좋은 우리 국토

경도 經度 (세로 경, 정도 도) — 지구를 세로로 일정한 정도로 나누어 표기한 것.

동경 東經 (동쪽 동, 세로 경) — 동쪽 경도. 본초 자오선을 기준으로 동쪽을 세로로 일정하게 나누어 표기한 선.

서경 西經 (서쪽 서, 세로 경) — 서쪽 경도. 본초 자오선을 기준으로 서쪽을 세로로 일정하게 나누어 표기한 선.

자오선 子午線 (북쪽 자, 남쪽 오, 선 선) — 북쪽과 남쪽을 이은 선.

본초 자오선 本初子午線 (근본 본, 처음 초, 북쪽 자, 남쪽 오, 선 선) — 지구의 북쪽과 남쪽을 연결하는 선 가운데 근본이 되는 첫 선.

위도 緯度 (가로 위, 정도 도) — 지구를 가로로 일정한 정도로 나누어 표기한 것.

북위 北緯 (북쪽 북, 가로 위) — 북쪽 위도. 적도를 기준으로 북쪽을 가로로 일정하게 나누어 표기한 선.

남위 南緯 (남쪽 남, 가로 위) — 남쪽 위도. 적도를 기준으로 남쪽을 가로로 일정하게 나누어 표기한 선.

지구 위에 있는 위치를 나타낼 때는 경도와 위도를 이용합니다.
경도(經度)는 '세로를 나타내는 기준'입니다. 지구는 공 모양이니까 전체가 360도인데, 본초 자오선을 기준으로 동쪽으로 180도, 서쪽으로 180도로 나누지요. **본초 자오선**(本初子午線)은 영국의 그리니치 천문대를 지나는 자오선입니다. 그래서 영국 동쪽은 **동경**(東經), 영국 서쪽은 **서경**(西經)이 됩니다. 우리나라는 영국 동쪽에 위치해 있기 때문에 동경 124도에서 132도 사이에 위치하지요.
위도(緯度)는 '가로를 나타내는 기준'이지요. 지구의 가운데 가로선을 **적도**(赤道, 붉을 **적**, 길 **도** : 위도의 기준이 되는 선)라고 하고, 그로부터 위쪽을 **북위**(北緯), 아래쪽을 **남위**(南緯)라고 합니다. 북위와 남위는 각각 90도까지 있답니다. 우리나라는 적도 위쪽에 있으므로 북위 33도에서 43도 사이에 위치합니다.
경도를 나타내는 선을 경선(經線, 세로 **경**, 선 **선**)이라고 하는데, 세로선입니다. 또 위도를 나타내는 선을 위선(緯線, 가로 **위**, 선 **선**)이라고 하는데 가로선입니다. 두 선은 실제로 있는 선이 아니고 지구상의 위치를 나타내기 위해 지구본이나 지도 위에 그린 선이라는 사실도 알아 두세요.

국토 國土
나라 **국** 땅 **토**

나라의 땅.

국토는 한 나라가 다스리는 지역을 이릅니다. 국토는 육지인 영토(領土), 바다인 영해(領海), 하늘인 영공(領空)으로 이루어져 있답니다.

영토 領土
다스릴 **영** 땅 **토**

나라가 다스리는 땅.

영해 領海
다스릴 **영** 바다 **해**

나라가 다스리는 바다.

영공 **領空** 나라가 다스리는 하늘.
다스릴 **영** 공중 **공**

비무장 지대 **非武裝地帶**
아닐 **비** 무기 **무** 차릴 **장** 땅 **지** 긴 지역 **대**

무장하지 않기로 약속한 지역.

휴전선 **休戰線** 전쟁을 잠시 쉬기로 하고 정한 경계.
쉴 **휴** 전쟁 **전** 선 **선**

톺아보고 모아 읽기

비무장 지대(非武裝地帶)는 남한과 북한이 서로 군대나 무기, 군사 시설 등을 설치하지 않기로 약속한 땅이에요. 군인과 무기가 너무 가까이 마주하면 아무래도 다툴 가능성이 높으니까요.

비무장 지대는 **휴전선**(休戰線)에서 남북으로 각각 2km 범위입니다.

오늘날 비무장 지대 안은 야생 동물(野生動物, 들 **야**, 날 **생**, 움직일 **동**, 만물 **물** : 들에서 살아가는 동물)과 식물의 천국이 되었답니다. 사람의 손길이 닿지 않고 자연 그대로 남아 있으니까요.

비무장 지대 부근에는 군사 시설의 보호와 보안을 위해 군인이 아닌 사람들의 출입을 제한하는 민간인 통제 구역(民間人統制區域, 백성 **민**, 사이 **간**, 사람 **인**, 거느릴 **통**, 절제할 **제**, 구분할 **구**, 경계 **역**)이 있어요. 위험한 지역이라 일반인이 다니면 사고가 날 수도 있으니까요.

지형 地形 　땅의 생긴 모양.
　　　　땅 지　모양 형

산이나 강, 평야나 해안 등과 같은 땅의 모양을 이르는 말입니다.

등온선 等溫線 　기온이 같은 지역끼리 연결한 선.
　　　　같을 등　온도 온　선 선
　　　　　　　따뜻할 온

등(等)은 '같다'는 뜻의 한자예요. 그래서 등온선은 '기온이 같은 곳끼리 연결해서 만든 선'이지요. 그러니 등온선으로 연결된 지역의 기온은 같습니다. 또 등고선(等高線, 같을 등, 높을 고, 선 선)은 '높이가 같은 곳끼리 연결해 만든 선'이고, 등압선(等壓線, 같을 등, 누를 압, 선 선)은 '압력, 즉 기압이 같은 곳끼리 연결해서 만든 선'이지요.

생활권 生活圈 　일상생활을 함께하는 구역.
　　　　살 생　살 활　구역 권

교통도 交通圖 　교통 상황을 그린 그림.
　　　　오고갈 교　통할 통　그림 도

자동차가 다니는 도로, 기차가 다니는 철도, 뱃길이나 배가 드나드는 항구, 비행기가 뜨고 내리는 공항 등을 나타낸 지도입니다.

황사 黃砂
노란 **황**　모래 **사**

노란 모래.

우리나라 서쪽에 위치한 사막, 또 황토 지대인 중국이나 몽골로부터 날아오는 작은 모래나 흙, 먼지 등을 말하는데, 이러한 현상 자체를 이르기도 합니다.

대청 大廳
클 **대**　마루 **청**

커다란 마루.
한옥에서 방과 방 사이에 놓인 마루를 말합니다.

배산임수 背山臨水
등 **배**　산 **산**　내려다볼 **임**　물 **수**

뒤쪽으로 산이 있고, 앞쪽으로는 물을 내려다보는 마을의 모습.

수중보 水中堡
물 **수**　가운데 **중**　둑 **보**

물 가운데 쌓은 둑.

수중보는 물의 높이를 늘 일정하게 유지하기 위해 쌓는답니다.

생태 통로 生態通路
살 **생**　모양 **태**　통할 **통**　길 **로**

자연 생태계를 위해 만든 길.

사람들이 만든 도로나 건축물 때문에 위험에 처한 야생 동물(野生動物)을 보호하기 위해 인공적으로 만든 길입니다.

천연자원 天然資源
하늘 **천**　그러할 **연**　재물 **자**　근원 **원**

자연으로부터 비롯된 자원.

태양광 발전 太陽光發電
클 태 　햇빛 양 　빛 광 　일으킬 발 　전기 전

태양빛을 이용해 전기를 만드는 것.

신재생 에너지 新再生—
새 신 　다시 재 　살 생

새롭게 다시 사용하는 에너지.

발전(發電)은 '전기를 만든다'는 뜻이에요. 우리 생활에 없어서는 안 될 전기는 그냥 생기는 게 아니랍니다. 전기를 만드는 방법에는 여러 가지가 있어요. 대표적인 것이 **화력 발전**(火力發電, 불 화, 힘 력, 일으킬 발, 전기 전), 즉 석탄이나 석유를 이용해 전기를 만드는 것이지요. **수력 발전**(水力發電, 물 수, 힘 력, 일으킬 발, 전기 전)은 물을 이용해 전기를 만드는 방법이에요. 물을 높은 곳에서 낮은 곳으로 떨어뜨릴 때 발생하는 힘을 이용해 전기를 만들지요.
원자력 발전(原子力發電, 근원 원, 물건 자, 힘 력, 일으킬 발, 전기 전)은 원자력을 이용해 전기를 만드는 것이고요.
이 모든 발전 방식은 **천연자원**(天然資源)을 사용합니다. 천연자원은 한 번 사용하면 더 이상은 사용할 수 없지요.
그런데 이런 발전 방식은 자연환경을 파괴할 수밖에 없어요. 수력 발전을 하기 위해서는 강을 막거나 새로운 댐을 만들어 물길을 바꾸어야 하지요. 또 화력 발전을 위해서는 석탄이나 석유 같은 화석 연료를 캐내 태워야 합니다. 이 과정에서 이산화 탄소가 발생하면서 지구 온난화를 일으키기도 하지요.
원자력 발전을 위해서는 원자력을 이용해야 하는데, 이는 매우 위험할 뿐만 아니라 발전 과정에서 나오는 방사능 폐기물을 처리하는 데도 환경을 해칩니다.
그래서 최근에는 신재생 에너지에 전 세계가 관심을 갖고 있습니다. **신재생**(新再生) **에너지**는 태양, 바람, 물과 같이 자연 속에 존재하면서 아무리 써도 사라

지열 地熱 땅의 열.
땅**지** 열**열**

땅속에서 나오는 열을 이용해 전기를 만들어 사용하기도 합니다.

풍력 발전 風力發電 바람의 힘을 이용해 전기를 만드는 것.
바람**풍** 힘**력** 일으킬**발** 전기**전**

지지 않는 에너지입니다. 또 신재생 에너지는 사용할 때 환경 오염 물질을 거의 배출하지 않기 때문에 환경에도 피해를 주지 않는 친환경 에너지랍니다.

신재생 에너지를 이용한 발전으로는 태양의 빛을 이용하는 **태양광 발전**(太陽光發電), 바람을 이용하는 **풍력 발전**(風力發電), 달이 끌어당기는 힘 때문에 생기는 밀물과 썰물의 움직임을 이용하는 **조력 발전**(潮力發電) 등이 있습니다.

105

조력 발전 潮力發電
조수 **조** / 힘 **력** / 일으킬 **발** / 전기 **전**

조수 간만의 차이를 이용해 전기를 만드는 것.

조수 간만(潮水干滿, 조수 **조**, 물 **수**, 말릴 **간**, 가득 찰 **만**)은 간조와 만조를 말하는데, 간은 썰물, 만은 밀물을 말합니다.

---

15. 5학년 1학기 3. 우리 경제의 성장과 발전

공정 거래 위원회 公正去來委員會
공변될 **공** / 바를 **정** / 갈 **거** / 올 **래** / 맡길 **위** / 사람 **원** / 모임 **회**

공정하고 바른 거래를 담당하는 모임.

공정 거래 위원회는 나라 안에서 일어나는 경제 활동이 공정하고 바르게 이루어질 수 있도록 심판과 같은 역할을 하는 정부 기관입니다.

국내 총생산 國內總生産
나라 **국** / 안 **내** / 모두 **총** / 날 **생** / 생산할 **산**

한 나라 안에서 생산하는 모든 것.

국내 총생산은 정해진 기간 동안 한 나라 안에서 생산하는 재화와 서비스를 돈으로 계산한 후 모두 합한 것입니다.

재화 財貨
재물 **재** / 물품 **화**

인간이 대가를 주고 구하는 모든 물건.

외환 外換

외국과 거래할 때 교환하는 돈이나 수단.

외국 **외**　교환할 **환**

우리가 돈과 같은 대가를 주고 구하는 것에는 눈에 보이는 물건인 **재화**(財貨)와 눈에 보이지 않는 서비스가 있습니다. 서비스는 재화를 생산하고 운반, 배급, 판매하는 데 필요한 일을 이릅니다.

예를 들어 볼까요. 우리가 식당에 가서 돈가스를 시키면 돈을 내지요. 이때 우리가 먹는 돈가스는 재화고, 돈가스를 만드는 사람이나 가져다주는 사람의 노력은 서비스입니다.

그러니까 우리가 돈가스를 먹고 나서 지불하는 돈에는 재화에 대한 대가와 서비스에 대한 대가가 모두 포함되어 있는 것이랍니다.

1인당 국민 총소득 —國民總所得
나라 **국** 백성 **민** 모두 **총** 있을 **소** 얻을 **득**

국민 한 사람당 벌어들이는 소득을 모두 모은 것.
1인당 국민 총소득을 구하려면 정해진 기간 동안 한 나라의 국민이 번 모든 소득을 인구수로 나누면 됩니다.

경공업 輕工業
가벼울 **경** 만들 **공** 일 **업**

가벼운 물건을 만드는 공업.

중화학 공업 重化學工業
무거울 **중** 될 **화** 배울 **학** 만들 **공** 일 **업**

무겁고 거대한 물건 또는 화학 제품 등을 만드는 공업.

경공업(輕工業)은 '가벼운 물건을 만드는 공업'이에요. 옷이나 문구류, 음식료품, 가구 같은 것들을 만드는 공업이지요. 경공업은 산업이 막 발전하기 시작할 무렵에 등장합니다. 처음부터 크고 무거우며 거대한 물건을 만들 수는 없는 노릇이니까요.

중화학 공업(重化學工業)은 '무겁고 거대한 물건, 그리고 과학적으로 발전한 화학 제품 등을 만드는 공업'을 이릅니다. 땅속에서 캐낸 원유(原油, 근원 **원**, 기름 **유**)를 우리가 사용하는 휘발유, 경유, 등유, 항공유 등으로 만드는 일, 자동차를 만드는 일, 커다란 배를 만드는 조선업, 로켓을 만드는 일 등이 모두 중화학 공업에 속합니다.

첨단 산업(尖端産業)은 '시대의 맨 앞에 등장하는 산업'을 이릅니다. 한자를 그대로 해석하면 '뾰족한 끝에 선 산업'이지요. 그러니까 시대의 맨 앞에 등장하는

첨단 산업 尖端産業 시대를 앞서가는 산업.
뾰족할 첨 끝 단 만들 산 일 업

무역 貿易 나라와 나라 사이에 필요한 물건을 바꾸는 것.
바꿀 무 바뀔 역

수입품 輸入品 다른 나라에서 들여오는 물건.
물건 나를 수 들 입 물건 품

수출품 輸出品 다른 나라로 내보내는 물건.
물건 나를 수 내보낼 출 물건 품

최신 기술을 이용한 산업이랍니다. 인공 지능 산업, 반도체 산업, 인공위성 같은 것을 만드는 산업 등이 이에 속합니다.

16

5학년 1학기 4. 우리 사회의 과제와 문화의 발전

빈부 격차 貧富隔差
가난할 빈 / 부유할 부 / 사이 뜰 격 / 어긋날 차
가난한 사람과 부유한 사람 사이에 생기는 차이.

자원 고갈 資源枯渴
재물 자 / 근원 원 / 마를 고 / 목마를 갈
지구상에 존재하는 여러 가지 자원을 모두 사용해 사라지는 것.

노사 갈등 勞使葛藤
일할 노 / 시킬 사 / 칡덩굴 갈 / 등나무 등
노동자와 사용자 사이에 의견의 차이 때문에 생기는 충돌.

중산층 中産層
가운데 중 / 만들 산 / 계층 층
사회의 중간 정도에 위치한 계층.

공청회 公聽會
공공의 공 / 들을 청 / 모일 회
모든 사람들이 모여 서로의 의견을 듣는 모임.

국가나 지방 자치 단체가 중요한 사항을 결정할 때 국민이나 전문가의 의견을 듣기 위해 하는 공개회의를 이릅니다.

실향민 失鄕民
잃을 실 / 고향 향 / 백성 민
고향을 잃어버린 사람들.

이산가족 離散家族
헤어질 이 / 흩어질 산 / 집 가 / 가족 족
서로 헤어져 살아가는 가족.

한국전쟁 이후 남북 분단이나 여러 가지 이유로 이리저리 흩어져서 살아 서로 소식을 모르는 가족을 이릅니다.

우리 사회가 안고 있는 문제에는 여러 가지가 있어요. 그중 빈부 격차는 매우 심각하답니다. **빈부 격차**(貧富隔差)란 가난한 사람들과 부자들 사이에 생긴 경제적 차이인데요. 빈부 격차가 심하면 가난한 사람들은 더욱 살기가 힘들어지고 부자들은 점점 재산이 많아지지요. 그러다 보면 서로 화합하기보다는 차별하고 멀리하게 되며 갈등도 커지게 됩니다. 빈부 격차가 심한 사회는 경제적으로도 발전하기 힘들다고 알려져 있습니다. 그래서 빈부 격차를 줄이는 것이야말로 우리 사회가 발전하는 데 필수적이랍니다.

노사 갈등(勞使葛藤)도 중요한데요. 회사를 소유한 사용자와 회사에서 일하는 노동자 사이에 화합하지 못하고 싸운다면 당연히 사업이 잘될 리 없지요.

자원 고갈(資源枯渴)은 우리나라만의 문제가 아니에요. 지구상의 모든 사람들이 자원을 함부로 사용하고 사치를 부리면 당연히 지구상에 있는 자원은 하루가 다르게 줄어들 것입니다. 그럼 훗날 우리 후손들은 자원이 없어서 고통을 겪게 되겠지요.

17

5학년 2학기 1. 우리 역사의 시작과 발전

선사 시대 先史時代 역사에 앞선 시대.
먼저 선 · 역사 사 · 때 시 · 시대 대

구석기 시대 舊石器時代 더 오래된 석기 시대.
옛 구 · 돌 석 · 도구 기 · 때 시 · 시대 대

신석기 시대 新石器時代
새 신 · 돌 석 · 도구 기 · 때 시 · 시대 대

새로운 석기 시대. 구석기 시대를 거친 후 나타난 석기 시대.

톺아보고 모아읽기

선사 시대(先史時代)는 인류가 역사를 기록하지 않은 시대를 이릅니다. 역사(歷史, 겪을 역, 역사 사)란 인류가 활동한 바를 기록한 것이거든요. 그러니까 인류 역사는 선사 시대와 역사 시대로 나뉜다고 할 수 있습니다.

선사 시대는 구석기 시대와 신석기 시대로 나뉘는데요. **구석기 시대**(舊石器時代)는 '더 오래된 석기 시대'라는 뜻으로, 돌을 떼어 내거나 깨뜨려 뗀석기를 만들어 사용했습니다. 또 구석기 시대 유적지에서는 동물과 사람의 뼈, 여러 가지 뗀석기, 뼈로 만든 도구 등이 발굴되었고, 불을 피운 흔적도 발견되었습니다.

한편 **신석기 시대**(新石器時代)는 조금 발전한 시대로 돌을 갈아 만든 간석기를 사용했습니다. 구석기 시대에는 돌을 깨거나 떼어서 여러 가지 물건들을 만들었지만 신석기 시대에는 돌을 갈아 필요한 물건들을 만들었으니 신석기 시대의 물건들이 더 뛰어났겠지요.

신석기 시대 사람들은 옮겨 다니지 않고 강가나 해안가에 움집을 짓고 마을을

유적지 遺蹟地 옛 자취가 남아 있는 땅.
남을 유 자취 적 땅 지

고조선 古朝鮮 옛 조선.
옛 고 아침 조 고울 선

고조선이라는 이름은 고려 시대의 승려인 일연이 지은 역사책 《삼국유사》에 처음 나옵니다. 단군왕검이 세운 나라 이름은 본래 조선(朝鮮, 아침 조, 고울 선)인데, 후에 위만이 다스린 위만 조선(衛滿朝鮮)과 구별하기 위해서 '고조선(古朝鮮)', 즉 '옛 조선'이라고 부릅니다.

이루어 살기 시작했는데요. 마을을 이루어 살기 위해서는 자연에 있는 것을 찾아 먹는 대신 스스로 농사를 지어야 가능합니다. 한곳에 오래 살기 시작하면서 가축도 기르기 시작했고요.

삼국유사 三國遺事
셋 삼 / 나라 국 / 남을 유 / 사건 사

세 나라에 대해 남아 있는 사건.

고려 시대에 일연 스님이 지은 역사책 이름입니다.

청동기 시대 靑銅器時代
푸를 청 / 구리 동 / 도구 기 / 때 시 / 시대 대

청동을 사용하던 시대.

기원전 2000년경부터 인류는 구리에 주석이나 아연을 섞어 만든 청동기를 사용하기 시작했는데, 이때부터를 청동기 시대라고 합니다.

기원전 紀元前
실마리 기 / 근원 원 / 앞 전

실마리가 되는 근원의 전 시대.

역사 연대의 기준이 되는 해를 기원(紀元)이라고 합니다. 그러니까 기원전은 그 기준 이전이라는 뜻이지요. 우리가 사는 21세기는 당연히 기원후(紀元後, 실마리 기, 근원 원, 뒤 후)입니다.

비파형 동검 琵琶形銅劍
비파 비 / 비파 파 / 모양 형 / 구리 동 / 칼 검

→ 89~90p 사회, 4학년 1학기
4. 시대마다 다른 삶의 모습

비파라는 악기처럼 생긴 동으로 만든 칼.

고분 古墳
옛 고 / 무덤 분

옛날 무덤.

고분군 古墳群
옛 고 / 무덤 분 / 무리 군

옛 무덤이 무리 지어 있는 곳.

고분 벽화 古墳壁畫 오래된 무덤 벽에 그려진 그림.
옛고 무덤분 벽벽 그림화

고분(古墳)은 '오래된 무덤'이라는 뜻입니다. 옛날 사람들이 만든 무덤으로, 이 안에는 그 시대에 사용하던 물건들과 그 시대를 표현한 그림 등이 담겨 있답니다.

고분 안쪽 벽에 그린 그림을 **고분 벽화**(古墳壁畫)라고 하지요. 고분 벽화는 그 시대의 풍습이나 생활 모습을 나타냅니다.

접객도(接客圖)는 '손님을 맞이하는 모습을 그린 그림'으로, 그 무덤이 만들어진 시대의 음식이나 그릇, 옷차림 등을 알 수 있습니다.

무용총(舞踊塚)은 '춤을 추는 모습이 그려져 있는 무덤'입니다. 그러니까 당연히 이 무덤 벽화에는 춤을 추는 사람의 모습이 그려져 있겠지요.

수렵도(狩獵圖)는 '사냥하는 모습을 그린 그림'입니다. 옛날 사람들은 사냥을 통해서 고기를 얻었기 때문에 수렵도 또한 그 시대 사람들의 생활 모습을 알려 주는 귀한 자료랍니다.

| 접객도 | 接客圖 (대접할 접, 손님 객, 그림 도) | 손님을 맞이하는 그림. |

| 무용총 | 舞踊塚 (춤출 무, 춤출 용, 무덤 총) | 벽에 춤추는 그림이 그려져 있는 무덤. |

| 수렵도 | 狩獵圖 (사냥 수, 사냥 렵, 그림 도) | 사냥하는 모습을 그린 그림. |

| 석수 | 石獸 (돌 석, 짐승 수) | 돌로 만든 짐승. |

짐승 모양의 돌조각을 말하는데, 무덤 주변에 세워 두어 무덤을 지키도록 했습니다.

| 율령 | 律令 (법률 율, 명령 령) | 법률과 명령. |

죄를 지었을 때 어떤 벌을 줄지 정해 놓은 규칙과 나라를 운영하는 제도에 관한 규칙입니다.

| 전성기 | 全盛期 (온전할 전, 융성할 성, 시기 기) | 세력이 가장 융성한 시기. |

| 순수비 | 巡狩碑 (돌아볼 순, 순찰할 수, 비석 비) | 임금이 이곳저곳을 살피며 돌아본 것을 기념해 세운 비석. |

연맹 聯盟
연결할 연 / 맹세 맹

함께하기로 맹세한 국가.

연맹은 서로 돕고 함께 행동할 것을 약속한 집단이나 국가를 이릅니다.

장니 障泥
가로막을 장 / 진흙 니

진흙을 막아 주는 것.

말을 탈 때 옷에 흙이 튀지 않도록 만든 기구입니다.

서역 西域
서쪽 서 / 경계 역

중국의 서쪽 지역.

중국 서쪽에 있던 여러 나라들을 말하는데, 오늘날의 티베트, 중앙아시아 여러 나라들, 인도 등지를 이릅니다.

토기 土器
흙 토 / 그릇 기 / 도구 기

흙으로 만든 그릇을 비롯한 여러 물건.

석등 石燈
돌 석 / 등잔 등

돌로 만든 등.

석등은 등을 켤 수 있도록 설치했는데, 오늘날 전해 오는 것은 대부분 절에 만들어 놓은 것입니다.

유민 遺民
남을 유 / 백성 민

나라가 망한 후 홀로 남은 백성.

유적	遺蹟	옛날에 존재하던 건축물이나 사건이 일어난 곳에 남아 있는 흔적.
	남을 유 · 흔적 적	
유물	遺物	옛사람들이 남겨 놓은 물건.
	남을 유 · 만물 물	

톺아보고 모아읽기

유(遺)는 '남기다, 전하다'라는 뜻의 글자입니다. 이 글자가 들어간 단어가 꽤 많은데요. **유민**(遺民)은 '나라가 망한 후에 남은 백성'을 뜻합니다. 그러니까 나라를 잃은 백성인 셈이지요. **유적**(遺蹟)은 옛날에 있던 건축물이나 사건과 관련해 오늘날 전해 오는 흔적을 말합니다. **유물**(遺物)은 옛사람들이 사용하다가 오늘날까지 전해 오는 물건입니다. 또 **유언**(遺言, 남길 유, 말씀 언)은 돌아가신 분이 남기신 말씀입니다.

5학년 2학기 2. 세계와 활발하게 교류한 고려

18

탑지 塔誌 탑에 관한 상세한 내용을 담은 기록.
탑 **탑** 기록할 **지**

호족 豪族 권력과 많은 사람을 거느린 강한 집안.
거느릴 **호** 겨레 **족**

유목 민족 遊牧民族 이곳저곳을 돌아다니며 가축을 기르는 민족.
돌아다닐 **유** 기를 **목** 백성 **민** 겨레 **족**

유목(遊牧)은 '이곳저곳을 돌아다니며 가축을 기르는 것'을 뜻합니다. 따라서 유목 민족은 '이곳저곳을 돌아다니며 가축을 기르는 일을 직업으로 하는 민족'이지요.

조정 朝廷 왕과 신하들이 모여 나라를 다스리는 곳.
조정 **조** 조정 **정**

무신 정권 武臣政權 군인들이 다스리는 정권.
군인 **무** 신하 **신** 정치 **정** 권세 **권**

무신(武臣)은 '무력을 담당하는 신하'들을 이릅니다. 반대로 문신(文臣, 글 **문**, 신하 **신**)은 '문서를 비롯한 글을 담당하는 신하'라는 뜻이지요.
고려 시대에는 문신에 비해 무신들이 차별을 받았는데, 이에 불만을 품은 무신들이 힘으로 정권을 장악했습니다. 이 정권을 무신 정권이라고 합니다.

삼별초 三別抄   다른 군사와 구별하여 뽑은 세 종류의 병사들.
셋 **삼**   구별할 **별**   뽑을 **초**

고려 시대에 몽골의 침략에 대응하기 위해 정규군으로 편성된 특수 부대로 끝까지 저항했습니다.

불화 佛畫   불교와 관련된 그림.
부처 **불**   그림 **화**

청자 青瓷   푸른빛의 자기.
푸를 **청**   사기그릇 **자**

상감 청자 象嵌青瓷   그림 모양을 끼워 넣은 청자.
모양 **상**   끼워 넣을 **감**   푸를 **청**   사기그릇 **자**

나전 칠기 螺鈿漆器   소라껍데기를 이용해 장식하고 옻칠을 해 만든 그릇.
소라 **나**   금장식 **전**   옻칠 **칠**   그릇 **기**

톺아보고 모아읽기

청자(青瓷)는 푸른빛의 자기로, 고려 시대의 대표적인 도자기입니다. 상감(象嵌)은 '표면에 무늬를 새긴 후 그 안에 재료를 박아 넣는 기술'입니다. 그러니까 **상감 청자**는 청자에 무늬를 새긴 후 그 안에 다른 색상의 재료를 넣어 구운 도자기인 셈이지요.

나전 칠기는 조개껍데기 조각인 자개로 장식한 칠기입니다. 나전(螺鈿)은 자개를 여러 가지 모양으로 박아 넣거나 붙여서 장식하는 기법을 말하고, 칠기(漆器)는 옻칠을 한 상자나 그릇 같은 기구를 말합니다.

| 진영 | 眞影
 참 진　초상 영 | 진짜 모습을 그린 초상화. |

| 경함 | 經函
 경전 경　상자 함 | 불교 경전을 넣어 두는 함. |

| 대장경 | 大藏經
 큰 대　품을 장　경전 경 | 큰 가르침을 담고 있는 경전. |

| 초조대장경 | 初造大藏經
 처음 초　만들 조　큰 대　품을 장　경전 경 | 처음으로 만든 대장경. |

| 금속 활자 | 金屬活字
 쇠 금　무리 속　살 활　글자 자 | 금속으로 만든 활자. |

121

주형 鑄型 쇳물을 부어 만드는 틀.
쇠부어만들 **주** 거푸집 **형**

조판 組版 인쇄판을 짜는 것.
짤 **조** 널빤지 **판**

금속 활자(金屬活字)는 납이나 구리 같은 금속으로 만든 활자입니다. **목판 인쇄**(木版印刷, 나무 **목**, 널빤지 **판**, 찍을 **인**, 인쇄할 **쇄**)와 금속 활자 인쇄는 매우 다른데요. 첫 번째로 목판 인쇄는 글을 넓은 나무판에 새기는 것이에요. 그러니까 나무에 새긴 내용을 먹물에 묻혀 찍으면 그대로 한 쪽의 책이 되지요.

반대로 금속 활자를 이용한 인쇄는 책의 한 쪽을 새기는 것이 아닙니다. 금속 활자는 모든 글자를 만들어 놓는 거랍니다. 금속 활자는 **주형**(鑄型)을 만든 후 거기에 쇳물을 부어 만듭니다. 그런 후 책을 인쇄하려면 필요한 금속 활자 한 글자 한 글자씩을 뽑아 글에 맞추어 배열합니다. 이를 **조판**(組版)이라고 하지요. 조판을 한 후에 먹물을 칠하고 그 위에 한지를 놓고 인쇄하는 것입니다.

그러니까 금속 활자는 한번 만들어 놓으면 다양한 내용의 여러 책에 계속 사용할 수 있지요. 반면에 목판 인쇄는 모든 책을 만들 때마다 내용 전체를 새겨야 하는 번거로움이 있습니다.

해인사에 있는 팔만대장경은 부처님의 가르침을 담은 경전을 목판에 새겨 놓은 것으로, 유네스코가 지정한 세계 기록 유산입니다. 팔만대장경은 새겨 놓은 목판이 8만 장이라서 팔만대장경이라고 한답니다. **초조대장경**(初造大藏經)은 팔만대장경과는 다른 것으로, 처음 만들었다고 해서 초조대장경이라고 부릅니다. 초조대장경은 고려 시대에 몽골의 침입을 받았을 때 불타 없어졌습니다.

직지심체요절 直指心體要節
곧을 직 / 손가락 지 / 마음 심 / 몸 체 / 모을 요 / 단락 절

곧은 손가락으로 마음의 본모습을 가리키는 글귀들을 모아 놓은 것.

왜구 倭寇
왜나라 왜 / 도둑 구

왜나라 도둑.
우리나라 바다를 약탈하던 일본의 해적을 이릅니다.

톺아보고 모아 읽기

직지심체요절(直指心體要節)은 세계에서 금속 활자를 이용해 만든 책 가운데 오늘날 전해 오는 가장 오래된 책입니다. 고려 시대인 1377년 7월에 청주목 교외에 있던 흥덕사(興德寺)에서 처음 찍은 것으로, 책 제목인 '직지심체(直指心體)'는 '직지인심견성성불(直指人心見性成佛)'이라는 불교 구절에서 따왔습니다. '사람이 마음을 바르게 깨달을 때 그 심성이 바로 부처의 실체'라는 뜻이지요. 직지심체(直指心體)는 '곧은 손가락으로 마음의 본모습을 가리킨다'는 뜻이고요. 그런데 안타깝게도 이 책은 오늘날 우리나라가 아닌 프랑스에 있답니다. 《직지심체요절》 또한 유네스코의 세계 기록 유산으로 등재되어 있습니다.

19 5학년 2학기 3. 유교 문화가 발달한 조선

홍건적 紅巾賊
붉을 홍 · 두건 건 · 도둑 적

붉은 두건을 두른 도적.

중국 원나라에 반대해 일어난 반란군입니다. 홍건적은 한족(漢族, 한나라 **한**, 겨레 **족**) 출신입니다. 한족은 중국 땅에 본래부터 사는 민족으로 오늘날에도 중국인의 대다수를 차지하고 있습니다. 반면에 원(元)나라는 중국에 본래 사는 한족이 아니라 몽골족이 중국을 침략한 후 세운 나라입니다.

신흥 무인 세력 新興武人勢力
새 신 · 일어날 흥 · 군인 무 · 사람 인 · 무리 세 · 힘 력

새롭게 일어난 군인 세력.

권문세족 權門勢族
권세 권 · 집안 문 · 무리 세 · 겨레 족

권세가 높고 세력이 큰 집안.

신진 사대부 新進士大夫
새 신 · 나아갈 진 · 선비 사 · 큰 대 · 사내 부

새롭게 등장한 선비들.

반원친명 反元親明
반대할 반 · 원나라 원 · 친할 친 · 명나라 명

원나라에 반대하고 명나라와 친하게 지냄.

고려 말에 새롭게 등장한 신진 사대부들이 주장한 정책입니다.

성리학 性理學
성품 성 · 도리 리 · 배울 학

인간의 성품과 도리를 연구하는 학문으로 유학의 한 줄기.

조선을 건국한 이성계는 **홍건적**(紅巾賊)을 물리쳐 유명한 장군으로, **신흥 무인 세력**(新興武人勢力)입니다. 신흥 무인 세력은 '새롭게 일어난 힘센 군인 무리'라는 뜻으로, 고려를 지배하던 **권문세족**(權門勢族)을 물리치고 권력을 잡았습니다.

대대로 고려를 지배하던 권문세족이 원나라를 지지한 반면, 신진 사대부와 신흥 무인 세력은 명(明)나라와 가깝게 지낼 것을 주장했습니다. 그리하여 이성계는 명나라를 공격하라는 명령을 받고 싸우러 가던 중 압록강 하류에 위치한 위화도(威化島)라는 섬에서 회군(回軍), 즉 군대를 돌려 고려 조정을 공격했습니다. 이를 **위화도 회군**이라 하지요. 이성계의 공격을 받은 고려 조정은 멸망했고, 그 후 이성계는 조선을 건국했습니다.

조선을 건국한 이성계는 고려의 권문세족 대신 신진 사대부들을 등용했습니다. **신진 사대부**(新進士大夫)는 '새롭게 진출한 선비들'이라는 뜻이지요. 신진 사대부들은 유학의 한 분야인 **성리학**(性理學)을 공부한 선비들인데, 성리학은 인간의 성품과 도리, 우주의 원리를 탐구하는 유학의 한 분야입니다.

위화도 회군 威化島回軍
위엄 **위**　될 **화**　섬 **도**　돌아올 **회**　군사 **군**

위화도에서 군대를 돌린 사건.

재상 宰相
재상 **재**　재상 **상**

나라의 벼슬아치 가운데 가장 높은 자리.

종묘 宗廟
종묘 **종**　사당 **묘**

종묘와 사당.

종묘는 조선 시대에, 역대 임금과 왕비의 신주(神主)를 모시던 왕실의 사당을 이릅니다. 세계 문화유산으로 올라 있습니다.

신주 神主
귀신 **신**　주인 **주**

죽은 사람의 이름을 주인으로 모시는 나무패.

호패 號牌
이름 **호**　명찰 **패**

사람마다 가지고 있는 명찰.

조선 시대에 16세 이상의 남자들이 차고 다니던 나무로 만든 신분증입니다.

서당 書堂
글 **서**　집 **당**

글을 공부하는 집.

서당은 옛날에 개인이 학문을 가르치던 곳을 이릅니다.

소학 小學
작을 소 　배울 학
어린 사람이 배우는 것.

조선 시대에 8세 정도의 어린 학생들이 유학을 배우던 책자입니다.

향교 鄕校
시골 향 　학교 교
시골에 있는 학교.

고려 시대와 조선 시대에 나라에서 지방에 세운 학교를 이릅니다.

과거 科擧
과정 과 　등용할 거
일정한 과정을 거쳐 관리를 등용하는 것.

문과 文科
글 문 　과목 과
글을 잘 쓰는 이를 선발하는 학과 과정.

무과 武科
군인 무 　과목 과
무인(군인)을 선발하는 학과 과정.

조선 시대에 **과거 시험**은 원칙적으로 3년마다 시행했습니다. 과거 시험은 문과와 무과, 잡과로 나뉘는데, **문과**(文科)에서는 학문이 뛰어난 관리를 선발했습니다. **무과**(武科)는 무인, 즉 군인을 선발하기 위해 무예가 뛰어난 자들을 선발하는 과거이고, **잡과**(雜科)는 의학이나 법률 등 여러 가지 기술을 갖춘 관리를 선발하는 과거였습니다.

잡과 雜科 — 여러 가지 전문직을 선발하는 학과 과정.
여러 **잡** 과목 **과**

사대교린 事大交隣 — 큰 나라는 섬기고 이웃과는 친하게 사귀는 외교 정책.
섬길 **사** 큰 **대** 사귈 **교** 이웃 **린**

조선 시대 초기에 명나라와는 사대(事大), 즉 섬기고 일본이나 여진족과는 교린(交隣), 즉 친하게 지내는 외교 정책을 펼쳤습니다.

훈민정음 訓民正音 — 백성을 가르치는 바른 소리. 한글의 본래 명칭.
가르칠 **훈** 백성 **민** 바를 **정** 소리 **음**

반포 頒布 — 널리 퍼뜨려 알림.
널리 퍼뜨릴 **반** 펼 **포**

천체 관측 기구 天體觀測器具
하늘 **천** 형상 **체** 볼 **관** 측정할 **측** 도구 **기** 기구 **구**

하늘의 모양을 보고 측정하는 기구.

혼천의 渾天儀 — 하늘의 질서를 측정하는 기구.
가지런할 **혼** 하늘 **천** 측정 기구 **의**

간의 簡儀 — 간단하게 만든 측정 기구.
줄일 **간** 측정 기구 **의**

천체 관측 기구(天體觀測器具), 즉 하늘을 살피고 측정하는 기구는 매우 중요합니다. 하늘의 움직임을 알아야 농사도 짓고 날짜와 시간이 어떻게 움직이는지도 알게 돼 미래를 설계할 수 있으니까요.

그래서 옛날부터 인류는 천체 관측 기술을 발달시켜 왔습니다.

조선도 마찬가지로 혼천의, 간의 등의 천체 관측 기구, 해시계인 앙부일구, 측우기, 시간을 자동으로 알려 주는 물시계인 자격루 등을 만들었습니다.

의(儀)는 '측정 기구'라는 뜻입니다. 그래서 **혼천의**(渾天儀)는 '하늘의 질서를 측정하는 기구', **간의**(簡儀)는 '편하게 만든 측정 기구'입니다.

앙부일구(仰釜日晷)는 '해의 그림자가 어떻게 움직이는지 바라보는 솥'이라는 뜻인데, 그 모습이 솥처럼 생겼기 때문에 붙인 이름입니다.

측우기(測雨器)는 '비의 양을 측정하는 도구'라는 뜻이죠. **자격루**(自擊漏)는 '물이 흘러 스스로 때리는 기구'라는 뜻입니다.

어렵게 보이는 이름도 알고 보면 그 안에 기구의 기능을 담고 있음을 알 수 있습니다.

앙부일구 仰釜日晷
우러를 **앙** 솥 **부** 해 **일** 그림자 **구**

해를 향한 채 해의 그림자를 표시하는 솥 모양의 기구.

조선 시대에 사용하던 해시계입니다. 솥 모양의 그릇 안쪽에 24절기를 나타내는 눈금을 새기고, 북극을 가리키는 바늘을 꽂아, 이 바늘의 그림자가 가리키는 눈금에 따라 시각을 알 수 있게 만들었습니다.

측우기 測雨器
측정할 **측** 비 **우** 도구 **기**

비의 양을 측정하는 도구.

자격루 自擊漏
스스로 **자** 때릴 **격** 물 샐 **루**

물을 이용해 스스로 시간을 알리는 물시계.

세종 때 장영실, 김빈 등이 왕명을 받아 만든 물시계입니다. 물이 흐르는 것을 이용해 저절로 소리가 나게 해서 시간을 알리는 기구입니다.

조선 시대는 **유교**(儒敎), 즉 공자의 가르침을 중요하게 여기고 그 가르침을 기준으로 다스린 사회였습니다. 유교는 예의와 도덕을 중시했지요.
삼강오륜(三綱五倫)은 '세 가지 근본이 되는 도리와 다섯 가지 윤리'라는 뜻으로 유교의 기본 가르침입니다.
삼강오륜은 '임금과 신하 사이의 도리', '부부 사이의 도리', '부모와 자식 사이의 도리'의 삼강(三綱), '부모와 자식은 친근해야 한다(부자유친)', '임금과 신하 사이에는 의리가 있어야 한다(군신유의)', '부부 사이에는 각기 맡아야 할 역할이 있다(부부유별)', '나이 든 사람과 어린 사람 사이에는 지켜야 할 질서가 있다(장유유서)', '벗 사이에는 믿음이 있어야 한다(붕우유신)'의 오륜(五倫)으로 구성되어 있습니다.

| 유교 | **儒敎**
선비 **유** 가르칠 **교** | 선비의 가르침. |

중국에서 생겨난 사상으로, 공자의 가르침을 중심으로 하는 전통 학문입니다.

| 삼강오륜 | **三 綱 五 倫**
셋 **삼** 근본 **강** 다섯 **오** 윤리 **륜** | 세 가지 인간의 근본이 되는 도리와 다섯 가지 윤리. |

| 관혼상제 | **冠 婚 喪 祭**
갓 **관** 혼인 **혼** 죽을 **상** 제사 **제**
성년 **관** | 성년식, 결혼식, 장례식, 제사의 네 가지 의식. |

톺아보고 모아 읽기

또 유교는 **관혼상제**(冠婚喪祭)라고 하는 의식을 중시했습니다. 이 네 가지 의식은 사람의 일생을 구성하는 중요한 일이었으니까요.

관례(冠禮, 갓 **관**, 예법 **례**)는 '갓을 쓰는 예식'으로 어른이 되는 것을 기념하는 행사입니다. 오늘날의 성년식(成年式, 어른 **성**, 해 **년**, 의식 **식**)이지요.

혼례(婚禮, 혼인 **혼**, 예법 **례**)는 '혼인하는 예식'으로 독립해 가정을 꾸리는 것을 기념하는 행사입니다. 오늘날의 결혼식이지요.

상례(喪禮, 죽을 **상**, 예법 **례**)는 '사람의 죽음을 기리는 예식'으로 돌아가신 분을 예의 있게 기리는 행사입니다. 오늘날의 장례 의식을 말합니다.

제례(祭禮, 제사 **제**, 예법 **례**)는 '돌아가신 조상을 기리는 예식'으로 조상을 평생 잊지 않고 기리는 행사입니다. 오늘날의 제사를 말합니다.

삼강행실도 三綱行實圖
셋 **삼** 　근본 **강** 　행할 **행** 　실행할 **실** 　그림 **도**

세 가지 인간의 근본 도리를 실천에 옮긴 사람들의 그림.

조선 시대에 설순 등이 세종의 명에 따라 펴낸 책입니다. 우리나라와 중국의 책에서 군신(君臣, 임금 **군**, 신하 **신**), 부자(父子, 아버지 **부**, 자식 **자** : 부모와 자식), 부부(夫婦, 남편 **부**, 아내 **부**) 간에 모범이 될 충신(忠臣, 충성 **충**, 신하 **신**), 효자(孝子, 효도 **효**, 자식 **자**), 열녀(烈女, 곧을 **열**, 여자 **녀**) 들을 각각 35명씩 뽑아 그 행적을 그림과 글로 칭찬한 내용을 담고 있습니다.

양천제 良賤制
어질 **양** 　천할 **천** 　만들 **제**

사람을 양인과 천민으로 나누는 신분 제도.

신분 제도 身分制度
몸 **신** 　구별할 **분** 　만들 **제** 　법도 **도**

사람의 신분을 구분하는 제도.

양인 良人
어질 **양** 　사람 **인**

어진 사람들.

양인은 양반(兩班), 중인(中人), 상민(常民)으로 이루어진 신분으로, 사회에서 더 나은 위치에 있었습니다.

양반 兩班
두 **양** 　자리 **반**

두 종류로 구성된 신분.

양반은 문신(文臣)인 동반(東班)과 무신(武臣)인 서반(西班)을 이르는 신분으로, 관리가 되어 나랏일을 담당할 수 있었습니다.

중인 中人
가운데 중 · 사람 인

신분이 사회의 가운데 있는 사람들.

중인은 양반과 상민의 가운데 위치한 계층입니다. 과거 가운데 잡과(雜科)에 응시해 합격하면 의관(醫官)이나 역관(譯官)이 될 수 있었습니다.

의관 醫官
의사 의 · 벼슬 관

의술을 담당하는 벼슬아치.

의관은 중인들이 과거 가운데 잡과에 합격하면 오르는 벼슬이었습니다.

역관 譯官
통역할 역 · 벼슬 관

통역을 담당하는 벼슬아치.

상민 常民
늘 상 · 백성 민

일반적인 사람들.

상민은 대부분 농업에 종사했으며, 과거 시험을 볼 수는 없었습니다. 그러나 군역(軍役)을 지고 세금도 내야 했습니다.

군역 軍役
군사 군 · 시킬 역

군사에 관한 일을 시킴.

옛날에는 상민들이 군사를 담당해야 했는데, 이를 군역이라고 했습니다.

천민 賤民
천할 천 · 백성 민

천한 백성들.

임진왜란 壬辰倭亂 임진년에 왜놈들이 일으킨 난리.

아홉째 천간 **임** 다섯째 지지 **진** 왜나라 **왜** 난리 **란**

1592년에 일본이 조선을 침략한 전쟁을 이릅니다. 1598년까지 7년 동안 두 차례에 걸쳐 침입했는데, 1597년에 재침략한 것을 정유재란(丁酉再亂, 넷째 천간 **정**, 열째 지지 **유**, 다시 **재**, 난리 **란**)으로 구분해 부르기도 합니다. 일반적으로는 임진왜란이라고 하면 두 전쟁을 합해 말합니다.

조선 시대 백성들은 양반, 중인, 상민, 천민으로 구성되어 있었습니다. **양반**(兩班)은 '두 개의 반'이란 뜻으로, 동반(東班 : 문반)과 서반(西班 : 무반)을 말합니다. 동반은 임금이 신하들로부터 조회를 받을 때 동쪽에 서는 지위의 벼슬아치로, 글을 다루는 문반(文班, 글 **문**, 자리 **반**)이고, 서반은 서쪽에 서는 지위의 벼슬아치로 군인인 무반(武班, 군인 **무**, 자리 **반**)을 이릅니다. 그래서 처음에는 양반이란 호칭이 벼슬아치를 가리켰습니다. 그런데 시간이 흐르면서 벼슬아치를 포함해 신분이 높은 사람들 모두를 이르게 되었습니다.

중인(中人)은 '가운데 있는 백성'이라는 뜻입니다. 양반과 상민 사이에 있는 백성들이지요. 이들은 의학을 공부하거나 통역 전문가 등 전문직을 담당했습니다. 이들은 상민보다는 지위가 높지만 양반처럼 높은 관직에 오르기는 어려웠습니다.

상민(常民)은 '보통 백성'이라는 뜻이지요. 농업, 어업, 수공업, 상업 등에 종사하는 대부분의 백성을 이르는 명칭입니다. **군역**(軍役), 즉 군인으로 나라를 위해 일도 해야 했습니다.

천민(賤民)은 '천한 백성'입니다. 당연히 사회에서 천대하는 일에 종사하는 사람들을 이르지요.

양반이 되려면 문과(文科), 즉 글에 관한 시험을 보거나 무과(武科), 즉 군사를 다루는 시험을 보아 합격해야 했습니다.

조총 鳥銃 새를 잡을 수 있는 총.
새 조 총 총

학익진 鶴翼陣 학이 날개를 편 모양의 전투 방법.
학 학 날개 익 진영 진

문과 시험과 무과 시험을 가리켜 과거(科擧)라고 했지요.
과거에는 문과와 무과 외에도 잡과(雜科), 즉 '여러 가지 과목에 관한 시험'이 있었습니다. 잡과는 의학, 법률, 외국어 등의 전문가를 선발했지요. 이 시험에는 중인들이 응시했습니다. 오늘날에는 이런 전문가들이 대우를 받지만 조선 시대에는 문과나 무과 출신들에 비해 대우를 못 받았습니다.

전법 戰法 싸울 때 사용하는 방법.
싸울 **전** 방법 **법**

판옥선 板屋船 널빤지로 지붕을 만든 배.
널빤지 **판** 지붕 **옥** 배 **선**

화포 火砲 불을 내뿜는 대포.
불 **화** 대포 **포**

조선군의 화포는 사정거리(射程距離, 쏠 **사**, 길이의 단위 **정**, 떨어질 **거**, 떨어질 **리** : 쏘아서 맞출 정도의 거리)가 800m에서 1km에 이르렀지만 일본군의 조총은 사정거리가 고작 50m에서 100m였습니다. 바다에서 전투를 할 때는 멀리 떨어진 배에서 공격을 해야 했기 때문에 조선군이 일본군에 비해 유리했습니다. 반대로 육지에서는 가까이 있는 적을 공격할 때 조선군이 활을 사용하는 반면 일본군은 조총을 이용했기 때문에 일본군이 유리했습니다.

의병 義兵 정의를 위해 싸우는 병사들.
의로울 **의** 병사 **병**

관군 官軍 관리로 구성된 군사.
관리 **관** 군사 **군**

승병 僧兵 승려들로 구성된 군사.
중 **승** 병사 **병**

보급로 補給路 군대에 필요한 물건을 대어 주기 위한 길.
도울 **보** 보급할 **급** 길 **로**

임진왜란(壬辰倭亂)은 '임진년에 왜나라 사람들이 일으킨 난리'라는 뜻입니다. 옛날에는 연도 표시를 숫자로 하지 않고 그해의 간지(干支 : 십간의 천간과 십이지의 지지, 또는 둘을 조합해 이르는 말.)로 표기했지요. 그 무렵에는 아라비아 숫자를 사용하지 않았으니까요. 그래서 1592년을 임진년이라고 표기한 것입니다.
조총(鳥銃)은 '새도 잡을 수 있는 총'이란 뜻으로, 왜적들이 사용한 무기입니다. 그 무렵 조선 병사들의 무기는 활과 칼이었으므로 조총을 든 왜적에게 일방적으로 당할 수밖에 없었습니다.
그렇지만 바다에서는 널빤지로 지붕을 덮은 전투용 배인 **판옥선**(板屋船)과 거북선을 이용해 이순신 장군이 왜군을 무찔렀습니다. 거북선은 한자로 귀선(龜船, 거북 귀, 배 선)이라고 합니다. 판옥선 위에 튼튼한 덮개를 씌워 만든 배로, 주로 돌격선 역할을 했습니다. 또 적이 공격하기 쉽지 않도록 재빠르게 움직여 일본군을 혼란에 빠뜨렸지요. 특히 이순신 장군은 학익진이라는 **전법**(戰法)을 활용해 왜적을 바다 한가운데서 크게 무찔렀습니다. **학익진**(鶴翼陣)은 '학이 날개를 편 것과 같은 모양의 진'이지요.
한편 임진왜란 때는 나라의 병사인 **관군**(官軍)과 더불어 정의를 위해 백성들이 자발적으로 조직한 군대인 **의병**(義兵)과 불교의 승려들이 조직한 **승병**(僧兵)들이 왜적을 물리치는 데 큰 공을 세웠답니다. 그 과정에서 의병과 승병으로 구성된 700명의 병사들이 충남 금산에서 왜적과 맞서 싸우다 모두 숨지기도 했습니다. 훗날 700명의 의병과 승병을 이끌던 조헌의 제자들이 그들을 기리기 위해 큰 무덤을 만들었는데, 이를 **칠백의총**(七百義塚), 즉 '700명의 의로운 병사들 무덤'이라고 부르게 되었습니다.

칠백의총 七百義塚　700명의 의로운 병사들이 묻힌 무덤.
일곱 **칠**　일백 **백**　의로울 **의**　무덤 **총**

임진왜란 때 의병장 조헌은 충청도 옥천에서 의병 1천여 명을 모아 승병들과 힘을 합쳐 청주를 되찾았습니다. 그 후 금산에서 일본군에 맞서 싸우다 조헌을 비롯한 7백여 명의 의병과 승병이 전사했습니다. 이를 기려 세운 무덤이 칠백의총입니다.

역사 연표 歷史年表　매년 일어난 역사를 기록한 표.
겪을 **역**　역사 **사**　해 **연**　표 **표**

난중일기 亂中日記
난리 **난** | 가운데 **중** | 날짜 **일** | 기록할 **기**

난리 가운데 쓴 일기.

이순신 장군이 임진왜란 기간 동안 기록한 일기입니다. 국보 제76호로 지정되었으며, 세계 기록 유산에 등재되었습니다.

대첩 大捷
큰 **대** | 이길 **첩**

크게 이김.

임진왜란 때 일어난 전투 가운데 조선이 크게 이긴 한산도 대첩, 진주 대첩, 행주 대첩을 3대첩이라고 부릅니다.

병자호란 丙子胡亂
셋째 천간 **병** | 첫째 지지 **자** | 오랑캐 **호** | 난리 **란**

병자년에 오랑캐가 일으킨 난리.

병자년은 1636년입니다. 그러니까 병자호란은 '1636년에 오랑캐가 일으킨 난리'라는 뜻이지요. 1636년에 청나라가 조선을 공격해서 조선이 끝내 항복한 전쟁입니다. 전쟁이 끝난 후 조선과 청나라는 신하와 임금의 관계를 맺었고, 조선의 여러 사람이 인질로 청나라에 끌려가는 수모를 겪었습니다.

포루 砲樓
대포 **포** | 망루 **루**

대포를 쏠 수 있는 망루.

암문 暗門
어두울 **암** | 문 **문**

어두워서 눈에 잘 안 띄게 만든 문.

6학년 1학기 1. 조선 사회의 새로운 움직임

보부상 　褓 負 商
포대기 **보**　짊어질 **부**　상인 **상**
보자기에 물건을 싸서 짊어지고 다니며 파는 상인.

경직 　耕 織
밭 갈 **경**　베 짤 **직**
밭을 갈고 베를 짜는 것.

사고 　史 庫
역사 **사**　창고 **고**
역사의 기록물을 보관한 창고.

사고에는 실록(實錄)을 비롯해 중요한 기록들을 보관했습니다.

실록 　實 錄
실제 **실**　기록할 **록**
실제 있었던 일을 기록한 것.

실록은 조선의 왕들이 나라를 다스릴 때 있었던 실제 일들을 기록한 것으로, 이를 조선왕조실록이라고 부릅니다.

통신사 　通 信 使
통할 **통**　소식 **신**　사절 **사**
소식을 서로 전하는 사절단.

통신사는 조선 시대에 조선에서 일본에 보낸 사신을 이릅니다.

북벌론 　北 伐 論
북쪽 **북**　칠 **벌**　말할 **론**
북쪽을 공격하자는 주장.

병자호란(丙子胡亂)의 치욕을 당한 조선에서는 치욕을 갚고자 조선 북쪽에 위치한 청나라를 공격하자는 북벌론이 있었지만, 실천에 옮기지는 못했습니다.

연행사 燕行使
제비 **연** 갈 **행** 사절 **사**

북경으로 보내는 사절단.

청나라 수도였던 북경, 즉 오늘날의 베이징을 조선에서는 연경(燕京, 제비 **연**, 수도 **경**)이라고 불렀습니다. 그래서 청나라 수도인 북경으로 보낸 사신을 가리켜 연행사라고 불렀습니다.

실학 實學
행할 **실** 학문 **학**

실천적인 학문.

거중기 擧重機
들 **거** 무거울 **중** 기계 **기**

무거운 것을 들어 올리는 기계.

정약용이 수원 화성 건설에 사용하기 위해 도르래의 원리를 이용해 만든 기계입니다. 작은 힘으로 무거운 것을 들어 올릴 때 사용했지요.

수령 守令
지킬 **수** 우두머리 **령**

지역을 지키는 우두머리.

조선 시대에 각 고을을 다스리던 지방 관리를 이릅니다.

화성성역의궤 華城城役儀軌
꽃봉오리 **화** 성 **성** 성 **성** 일을 맡을 **역** 법식 **의** 법도 **궤** / 자국 **궤**

수원 화성을 건설하는 데 사용한 모든 내용과 법도를 기록한 것.

조선의 정조 임금이 수원 화성을 짓는 과정과 설계도 등을 자세히 기록한 보고서입니다.

의궤 儀軌   일의 내용과 행한 과정을 기록한 것.
법식 **의**   법도 **궤**
자국 **궤**

경세유표 經世遺表   나라를 다스리는 내용을 담아 타인에게 남긴 표.
다스릴 **경**   세상 **세**   남길 **유**   표 **표**

정약용이 지은 책의 제목입니다.

목민심서 牧民心書   백성을 온 마음을 다해 다스리는 내용의 책.
기를 **목**   백성 **민**   마음 **심**   책 **서**

이 책도 정약용이 지었습니다.

실학(實學)은 '실천적인 학문'이라는 뜻으로, 조선 후기의 여러 학자들이 연구한 것입니다. 실학자들 가운데 대표적인 인물로는 정약용, 박지원, 유득공, 박제가, 홍대용 등을 들 수 있습니다.

정약용은 나라를 바로잡기 위해 토지 제도를 바꾸고 인재를 고르게 활용해야 한다는 내용을 《**경세유표**(經世遺表)》에 담아냈고, 《**목민심서**(牧民心書)》에서는 지방 관리가 지켜야 할 내용을 널리 알렸습니다. 또 그 무렵 정조 임금이 시작한 수원 화성 건설에 사용할 **거중기**(擧重機)를 고안해 인력과 비용을 아낄 수 있었습니다.

박지원은 청나라를 돌아본 후 새로운 문물을 보고 《**열하일기**(熱河日記)》에 정리해 소개했습니다. 또 박제가는 청나라에 사신으로 다녀온 후 《**북학의**(北學議)》를 펴내 조선이 받아들여야 할 내용을 소개했습니다. 여기는 수레, 벽돌 등의 필요성과 아울러 다른 나라와 무역을 통해 조선을 부강하게 만들어야 한다는 내용이 실려 있습니다.

열하일기 熱河日記 열하를 다녀와 쓴 일기.
더울 **열** 강 **하** 날 **일** 기록할 **기**

열하(熱河)는 중국의 지명으로, 박지원이 이곳에 다녀와 기록한 일기입니다.

북학의 北學議 북쪽 청나라에서 배운 것에 대해 의논한 책.
북쪽 **북** 배울 **학** 의논할 **의**

북학의는 실학자 박제가가 청나라에 다녀와서 기록한 책입니다.

홍대용은 과학에 관심을 기울여 지구가 하루에 한 번씩 자전한다는 주장을 소개했습니다. 유득공은 《**발해고**(渤海考)》를 써서 발해가 고구려를 계승한 나라임을 밝혔습니다.

발해고 渤海考
바다 이름 **발** / 바다 **해** / 살필 **고**

발해라는 나라에 대해 살펴본 책.

실학자 유득공이 우리 겨레가 세운 나라인 발해에 대해 연구한 내용을 기록한 책입니다.

언문지 諺文志
언문 **언** / 글 **문** / 뜻 **지**

한글에 대한 뜻을 기록한 책.

조선 순조 때, 실학자 유희가 지은 한글 연구서입니다. 언문은 한글을 이르는 다른 명칭입니다.

자산어보 玆山魚譜
검을 **자** / 산 **산** / 물고기 **어** / 계보 **보**

흑산도에 있는 물고기에 관한 계보.

조선 시대에 정약전이 지은 물고기에 관한 책입니다. 정약전은 정약용의 형으로, 흑산도에 귀양 가 있으면서 그곳에서 구한 물고기에 관한 연구를 기록하여 이 책으로 남겼습니다. 자산(玆山)은 흑산도(黑山島, 검을 흑, 산 산, 섬 도)를 가리킵니다.

대동여지도 大東輿地圖
큰 **대** / 동쪽 **동** / 땅 **여** / 땅 **지** / 그림 **도**

대동이라는 땅을 그린 지도.

1861년에 김정호가 만든 우리나라의 지도로, 27년간 전국을 직접 다니며 재고 기록한 내용을 토대로 만들었습니다. 대동(大東)은 우리나라를 뜻하는 다른 명칭입니다.

혼일강리역대국도지도
混 一 疆 理 歷 代 國 都 地 圖
섞일 **혼** · 하나 **일** · 경계 **강** · 이치 **리** · 지날 **역** · 시대 **대** · 나라 **국** · 도읍 **도** · 땅 **지** · 그림 **도**

세계를 하나로 만들어 그 경계의 이치를 나라별로 그린 지도.

조선 시대인 1402년에 김사형, 이무, 이회 등이 그린 지도로, 오늘날 동양에서 전해 오는 지도 가운데 가장 오래되었지요.

곤여 만국 전도　坤 與 萬 國 全 圖
땅 **곤** · 땅 **여** · 일만 **만** · 나라 **국** · 완전 **전** · 그림 **도**

지구 위에 있는 모든 나라를 완전히 그린 지도.

보물 제849호로 지정된 지도입니다. 본래 곤여 만국 전도는 중국에 온 이탈리아 선교사 마테오 리치가 북경에서 제작했는데, 이를 조선으로 가져와 1708년에 보고 그린 것입니다.

천주실의　天 主 實 義　하느님의 실제 뜻을 기록한 책.
하늘 **천** · 주인 **주** · 실제 **실** · 뜻 **의**

조선 시대에 천주교를 소개하기 위해 만든 책입니다.

자명종　自 鳴 鐘　스스로 소리가 나도록 만든 종.
스스로 **자** · 소리 날 **명** · 종 **종**

정해진 시간에 맞추어 저절로 소리가 나도록 만든 시계입니다.

천리경 千里鏡
일천 **천** / 거리 **리** / 거울 **경**

천리 밖을 내다볼 수 있는 거울.

천리 밖을 내다볼 수 있는 거울이라면 당연히 망원경을 가리키겠지요.

서민 庶民
벼슬 없는 사람 **서** / 백성 **민**

벼슬 없는 일반 백성.

풍속화 風俗畫
풍속 **풍** / 풍속 **속** / 그림 **화**

백성들이 평범하게 살아가는 모습을 그린 그림.

사람들의 생활 모습을 재미있고 현실감 있게 표현한 것이 특징입니다.

작호도 鵲虎圖
까치 **작** / 호랑이 **호** / 그림 **도**

까치와 호랑이를 그린 그림.

찾아보고 모아읽기

풍속화(風俗畫)란 '백성들의 생활 모습을 그린 그림'입니다. 조선 시대 대표적인 풍속 화가로는 김홍도, 신윤복 등이 있습니다. 김홍도는 농사 짓는 농부들을 그린 그림이나 서당에서 공부하는 아이들을 그린 그림 등을 남겼습니다.
민화(民畫)는 '백성들이 생활하는 공간을 장식하거나 민속과 관련된 내용을 그린 생활 속 그림'입니다. 그래서 민화는 과거 백성들의 삶 속에서 쉽게 찾아볼 수 있었습니다.
민화에는 작호도, 화조도, 백수백복도, 문자도 등이 있습니다.
작호도(鵲虎圖)는 '까치와 호랑이가 등장하는 그림'입니다. 예부터 까치는 좋은

| 잡귀 | 雜鬼 | 여러 귀신. |

여러 **잡** 귀신 **귀**

| 민화 | 民畫 | 일반 백성들이 그린 그림. |

백성 **민** 그림 **화**

그림 그리는 일을 전문으로 하는 화가가 아니라 일반 백성들이 그린 그림을 이릅니다.

| 화조도 | 花鳥圖 | 꽃과 새를 그린 그림. |

꽃 **화** 새 **조** 그림 **도**

| 백수백복도 | 百壽百福圖 | |

일백 **백** 목숨 **수** 일백 **백** 복 **복** 그림 **도**

수(壽) 자와 복(福) 자를 많이 그린 그림.
오래 살고 복을 많이 받기를 바라는 마음을 담은 그림입니다.

소식을 전해 주고 호랑이는 **잡귀**(雜鬼), 즉 '온갖 귀신'을 막아 준다고 해서 민화에 자주 등장한답니다.
화조도(花鳥圖)는 '꽃과 새가 함께 있는 그림'입니다. 화조도에는 일반적으로 암컷과 수컷 새 한 쌍이 나오는데, 이는 금슬이 좋은 부부를 나타낸답니다.
백수백복도(百壽百福圖)는 '백 살을 사는 장수와 백 가지 복이 담긴 그림'을 말합니다.
문자도(文字圖)는 '문자를 그림으로 표현한 것'으로 사람이 지켜야 할 도리와 관련한 글자를 여러 가지 모양의 그림으로 표현한 것입니다.

| 문자도 | 文字圖
글 문 / 글자 자 / 그림 도 | 문자를 이용해 그린 그림. |

| 탐관오리 | 貪官汚吏
탐할 탐 / 벼슬 관 / 더러울 오 / 관리 리 | 벼슬을 탐하고 재물을 구하는 더러운 관리. |

| 문하시중 | 門下侍中
문 문 / 아래 하 / 모실 시 / 가운데 중 | 고려 시대에 가장 높은 벼슬아치. |

한자를 보면 '문 아래 가운데에서 임금을 모신다'는 뜻이군요.

| 사서삼경 | 四書三經
넷 사 / 책 서 / 셋 삼 / 경전 경 | 네 가지 중요한 책과 세 종류의 경전. |

유교를 배울 때 기본이 되는 책으로, 사서(四書)는 《논어》, 《맹자》, 《중용》, 《대학》을, 삼경(三經)은 《시경》, 《서경》, 《역경》을 이릅니다.

| 청화 백자 | 靑華白瓷
푸를 청 / 빛날 화 / 흴 백 / 사기그릇 자 | 푸른색 그림이 화려하게 그려진 하얀 도자기. |

| 소반 | 小盤
작을 소 / 쟁반 반 | 작은 쟁반 모양의 그릇.
작은 밥상을 이릅니다. |

| 경상 | 經床
경전 경 / 상 상 | 경전을 올려놓고 공부하는 책상. |

삼종지도 三從之道 여성이 따라야 할 세 가지 도리.
셋 **삼** / 따를 **종** / 어조사 **지** / 길 **도**

어려서는 아버지를 따르고, 결혼한 후에는 남편을 따르며, 늙어서는 아들을 따라야 한다는 내용으로, 오늘날의 삶과는 무척 다르지요.

외척 外戚 어머니 쪽 친척.
외가 **외** / 친척 **척**

외가(外家)는 어머니 집안을 이르는데요, 어머니 집안의 사람들을 외척이라고 합니다.

세도 정치 勢道政治 힘이 강한 무리가 정치를 하는 것.
무리 **세** / 길 **도** / 바로잡을 **정** / 다스릴 **치**

조선 시대에 왕실의 외척들이 나라를 좌우하는 것을 이릅니다.

환곡 還穀 곡식을 봄에 빌렸다가 가을에 돌려주는 것.
돌려보낼 **환** / 곡식 **곡**

가난한 사람들을 위해 나라에서 실시한 정책입니다. 식량이 떨어질 무렵인 봄에 나라에서 백성들에게 곡식을 빌려 주고 가을에 추수를 하면 이자와 함께 돌려받는 것입니다. 그러나 실제로는 필요도 없는 사람들에게 억지로 빌려 준 다음 가을에 비싼 이자를 붙여 받아서 백성들의 원성을 샀습니다.

농민 봉기 農民蜂起 농민이 벌 떼처럼 일어나 정부에 저항하는 것.
농사 **농** / 백성 **민** / 벌 **봉** / 일어날 **기**

봉기(蜂起)는 벌 떼가 갑자기 밀어닥치는 모습을 이릅니다. 그래서 시민들이 저항하는 모습을 이를 때 주로 쓰는 표현이지요.

동학	東學 동쪽 동 / 학문 학	동쪽의 학문.
서학	西學 서쪽 서 / 학문 학	서양에서 건너온 학문.
인내천	人乃天 사람 인 / 이에 내 / 하늘 천	사람이 곧 하늘이다.
후천 개벽	後天開闢 나중 후 / 하늘 천 / 열 개 / 열릴 벽	후에 하늘이 열려서 새로운 세상이 시작되는 것.

톺아보고 모아읽기

동학(東學)은 서양에서 건너온 학문인 **서학**(西學)에 맞선다는 의미에서 붙인 명칭인데요. 선비 출신인 최제우가 창시(創始, 비롯할 창, 비롯할 시 : 사상을 처음 내세우거나 처음 시작하는 것)한 우리 고유의 종교입니다.

동학은 **인내천**(人乃天), 즉 사람이 곧 하늘이라는 사상과 **후천 개벽**(後天開闢), 즉 오늘 이 순간의 세상이 끝난 후 백성이 바라는 새로운 세상이 열린다는 사상을 내세우며 고통을 겪는 조선의 백성들에게 희망을 안겨 주었습니다.

특히 인내천은 사람이 곧 하늘이기에 모두가 평등한 사람이라는 뜻으로, 신분 제도에 바탕을 둔 조선 조정으로서는 받아들이기 어려웠습니다. 그래서 결국 동학은 금지를 당했고, 최제우는 사형을 당하고 맙니다.

그러나 백성들 사이에 동학은 은밀하게 퍼져 나갔고, 훗날 동학 농민 운동으로 이어지게 되었습니다.

상소문 上疏文   임금에게 뜻을 전하기 위해 쓴 글.
위 **상**   소통할 **소**   글 **문**

용담유사 龍潭遺詞   용의 연못에 남아 전해 오는 말씀.
용 **용**   연못 **담**   남길 **유**   말씀 **사**

동학의 기본 경전으로, 동학을 처음 내세운 최제우가 동학의 교리(敎理, 종교 **교**, 이론 **리**)를 알리기 위해 한글로 지은 책입니다.

문물 文物   문화로부터 비롯된 여러 물건들.
문화 **문**   만물 **물**

정치, 경제, 종교, 예술, 법률 따위의 문화와 관련한 모든 물건이나 의미 등을 통틀어 이릅니다.

6학년 1학기   2. 근대 국가 수립을 위한 노력과 민족 운동   **21**

개항 開港   항구를 다른 나라에 열어 주는 것.
열 **개**   항구 **항**

다른 나라와 무역과 교류를 할 수 있게 항구를 개방해 외국 선박의 출입을 허가하는 것을 이릅니다.

이양선 異樣船   모양이 다르게 생긴 선박.
다를 **이**   모양 **양**   배 **선**

조선의 배와는 다르게 생긴 서양의 배를 가리켜 이양선이라고 불렀습니다.

군포 軍布 — 군대를 가는 대신 내야 하는 삼베.
군대 **군** / 베 **포**

서원 書院 — 학문에 필요한 책을 읽고 공부하는 집.
책 **서** / 집 **원**

선비들이 모여 공부를 하고 선현(先賢, 앞선 **선**, 어진 사람 **현** : 돌아가신 어진 선비들)들을 기려 제사를 지내던 곳을 서원이라고 합니다.

수교 修交 — 나라와 나라가 서로 사귀는 것.
행할 **수** / 사귈 **교**

나라와 나라가 정치적, 경제적, 문화적 관계를 맺는 일을 이릅니다.

통상 通商 — 두 나라 사이에 장사를 하는 것.
통할 **통** / 장사 **상**

두 나라가 서로 물건을 사고팔거나 그러한 관계를 맺는 것을 이릅니다.

병인양요 丙寅洋擾 — 병인년에 서양(프랑스군)이 조선을 어지럽힌 사건.
셋째 천간 **병** / 셋째 지지 **인** / 외국 **양** / 어지럽힐 **요**

병인양요는 프랑스인 선교사와 천주교도를 처형한 것을 구실로 프랑스 군대가 강화도를 침략한 사건입니다. 이 사건에서 프랑스 군대는 강화도를 지키던 조선 병사들에게 패해 물러났지만, 그 과정에서 외규장각에 있던 책자를 비롯해 조선의 주요한 물건들을 약탈해 갔습니다.

신미양요 辛未洋擾 — 신미년에 서양(미군)이 조선을 어지럽힌 사건.
여덟째 천간 **신** / 여덟째 지지 **미** / 외국 **양** / 어지럽힐 **요**

외규장각 外奎章閣
바깥 외 / 별 이름 규 / 글 장 / 문설주 각

궁 바깥에 설치한 규장각.

조선 조정은 오늘날의 서울인 한성에 규장각(奎章閣)을 설치해 그곳에 왕실의 주요한 서적을 보관했습니다. 그 후 정조 임금은 강화도에 또 하나의 규장각을 설치했는데, 이때부터 한성에 있는 규장각을 내규장각(內奎章閣, 안에 있는 규장각), 강화도에 있는 규장각을 외규장각(外奎章閣, 밖에 있는 규장각)이라고 불렀습니다.

척화비 斥和碑
물리칠 척 / 화합할 화 / 비석 비

화합하지 않겠다는 뜻을 새긴 비석.

'서양 오랑캐가 침범하는데 싸우지 않으면 화친(和親, 화합할 화, 친할 친 : 나라 사이에 서로 가까이 지내는 것)하는 것이요, 화친을 주장하는 일은 나라를 파는 일이다.'라는 글이 새겨 있습니다.

불평등 조약 不平等條約
아닐 불 / 평평할 평 / 가지런할 등 / 법 조 / 약속할 약

조약을 맺은 두 나라 사이에 서로 평등하지 않은 조약.

지주 地主
땅 지 / 주인 주

땅의 주인.

넓은 땅을 가지고 있는 사람을 이릅니다.

부농 富農
부유할 부 / 농사 농

부유한 농사꾼.

수신사 修信使 소식을 가지고 간 사절.
행할 수 · 소식 신 · 사절 사

고종 때 조선에서 일본에 파견한 외교 사절을 이릅니다.

공사관 公使館 공식적인 외교 사절이 근무하는 곳.
공변될 공 · 사절 사 · 건물 관

조선 시대 후기에 서양 여러 나라는 조선에 **통상**(通商)을 요구했습니다. 그러나 조선 조정은 서양 세력의 침략을 우려한 나머지 통상을 거절했고, 그러자 프랑스와 미국의 이양선이 조선을 침략했습니다. **이양선**(異樣船)은 '모양이 이상한 배'라는 뜻으로, 조선 사람들이 처음 보는 서양 배를 가리켜 부르는 명칭이었습니다.

프랑스는 1866년 조선을 침략했는데 이를 **병인양요**(丙寅洋擾)라고 합니다. '병인년에 서양이 나라를 어지럽힌 사건'이라는 뜻이죠. 강화도를 침략한 프랑스 군대는 조선군에게 패했습니다. 후퇴할 수밖에 없는 프랑스군은 **외규장각**(外奎章閣)을 침범해 소중한 자료들을 탈취해 도망갔습니다. 이때 프랑스군이 약탈해 간 자료 가운데 조선왕조의궤(朝鮮王朝儀軌)가 있습니다.

의궤(儀軌, 법식 의, 법도 궤)란 한자로 '의식의 법칙'이라는 뜻입니다. 나라에서 큰일을 치를 때 후세에 참고하기 위해 어떤 일의 처음부터 끝까지의 경과를 자세하게 적은 책이랍니다. 그러니까 조선왕조의궤는 조선 조정에서 벌인 여러 행사나 일에 대해 자세히 기록한 책인 셈이죠.

그 후 1871년에는 미국의 군함이 다시 강화도를 공격했는데, 이를 **신미양요**(辛未洋擾)라고 합니다. '신미년에 서양이 나라를 어지럽힌 사건'이지요. 조선군은 이들의 공격 역시 무찔렀습니다.

별기군 別技軍 특별한 기술을 가진 군대.
구별할 **별** 기술 **기** 군사 **군**

조선의 본래 군대와는 달리 일본인 교관이 훈련시킨 새로운 군대를 이릅니다.

두 번에 걸쳐 서양의 침략을 막아 낸 조선의 지도자 흥선 대원군은 그 후 전국에 척화비를 세워 백성들에게 서양과 교류하지 않겠다는 뜻을 굳건히 했습니다. **척화비**(斥和碑)는 '화합하지 않겠다는 뜻을 새긴 비석'입니다.

그러나 1876년에 결국 일본의 위협을 이기지 못하고 '강화도 조약'을 맺게 되었지요. '강화도 조약'은 조선이 체결한 최초의 근대적 조약으로, 이 조약을 계기로 조선은 개항을 했습니다. **개항**(開港)이란 '항구를 연다'는 뜻으로, 통상을 할 수 있게 외국인에게 항구를 개방해 외국 선박의 출입을 허가하는 것입니다.

임오군란 壬午軍亂

아홉째 천간 **임** · 일곱째 지지 **오** · 군사 **군** · 반란 **란**

임오년에 군대가 일으킨 반란.

조선은 개화 정책을 추진하면서 신식 군대인 별기군을 키웠습니다. 별기군은 좋은 대우를 받았지만 구식 군대의 군인은 월급으로 받던 쌀을 1년 넘게 못 받았을 뿐 아니라 겨우 받은 쌀에도 겨와 모래가 섞여 있자 분노한 구식 군대가 난을 일으켰는데, 이를 임오군란이라고 합니다.

급진 개화파 急進開化派

급할 **급** · 나아갈 **진** · 열 **개** · 변할 **화** · 무리 **파**

다른 나라와 교류하기 위한 통로나 수단을 급하게 열거나 추진하자는 세력.

역사적으로는 조선 후기에 청나라와의 관계를 끝내고 일본의 도움을 받아 개혁을 추진하던 세력을 말합니다. 급진(急進)은 '급히 앞으로 나아간다'는 뜻으로 어떤 일을 급하게 추진하는 것을 이릅니다.

갑신정변 甲申政變

첫째 천간 **갑** · 아홉째 지지 **신** · 정치 **정** · 변고 **변**

갑신년에 일어난 정치적 변고.

우정총국 郵征總局

우편 **우** · 취할 **정** · 모두 **총** · 담당할 **국**

우편과 관련한 일을 모두 담당하는 곳.

곡창 지대 穀倉地帶

곡식 **곡** · 창고 **창** · 땅 **지** · 띠 **대**

곡식이 창고에 가득할 만큼 농사가 풍요로운 지역.

화약 和約

화목할 **화** · 약속 **약**

화목하게 지내자고 약속하는 것.

일본의 위협을 못 이기고 개항을 한 조선은 그 후 근대 문물을 받아들이기 시작했습니다. 조선에서는 일본에 **수신사**(修信使)를 파견하는 등 일본과 청나라로부터 근대 문물을 배우고자 노력했지요.

또한 조선에서는 옛 군대와는 다른 신식 군대인 **별기군**(別技軍)을 양성했는데, 이들은 본래부터 있던 군대에 비해 훨씬 좋은 대우를 받았습니다. 이에 차별을 받던 조선의 구식(舊式, 옛 구, 형식 식) 군대가 난을 일으켰는데, 이를 임오군란이라고 합니다. **임오군란**(壬午軍亂)은 '임오년(1882년)에 군대가 일으킨 난'이란 뜻이지요.

호시탐탐 조선을 노리던 청나라는 임오군란이 일어난 것을 핑계로 조선 정치에 간섭하기 시작했습니다.

그러자 일본에 우호적이던 **급진 개화파**(急進開化派) 인물들이 청의 세력을 몰아내기 위해 일본의 힘을 빌려 정변을 일으켰는데, 이를 갑신정변이라고 합니다. **갑신정변**(甲申政變)은 '갑신년(1884년)에 일어난 정치적 변고'란 뜻이죠. 그러나 갑신정변은 불과 사흘 만에 청나라의 반격을 받아 실패로 끝났습니다.

동학 농민 운동 東學農民運動
동쪽 **동** / 학문 **학** / 농사 **농** / 백성 **민** / 움직일 **운** / 움직일 **동**

동학교를 믿는 농민들이 백성을 구하기 위해 봉기한 운동.

청일 전쟁 淸日戰爭
청나라 **청** / 일본 **일** / 싸울 **전** / 다툴 **쟁**

청나라와 일본이 1894년에 조선 땅에서 일으킨 전쟁.

청일 전쟁은 동학 농민 운동을 진압하기 위해 조선에 진출한 청나라와 일본이 조선 땅에서 벌인 전쟁입니다. 이 전쟁에서 일본이 승리해 조선에서 일본의 영향력은 점차 커졌습니다.

외세 外勢
바깥 **외** / 세력 **세**

외국 세력.

대한 제국 大韓帝國
큰 **대** / 한나라 **한** / 황제 **제** / 나라 **국**

황제가 다스리는 대한이라는 나라.

1897년에 고종이 수립을 선포한 나라 이름이 대한 제국입니다. 이때부터 고종은 근대적인 자주독립 국가임을 세상에 알리고 스스로 황제(皇帝, 임금 **황**, 임금 **제**)라고 칭했습니다.

폭정 暴政
사나울 **폭** / 정치 **정**

백성들이 살기 어려운 사나운 정치.

갑오개혁 甲午改革
첫째 천간 **갑** / 일곱째 지지 **오** / 고칠 **개** / 고칠 **혁**

갑오년에 낡은 제도를 새롭게 고친 것.

일본과 청나라의 침략을 받은 조선에서는 지방 관리들의 횡포가 심해져 농민과 백성들의 삶이 갈수록 힘겨워졌습니다. 그리하여 더 이상 참을 수 없었던 농민들은 1894년에 전라도 지방에서 전봉준을 지도자로 해 봉기했습니다. 이를 **동학 농민 운동**(東學農民運動)이라고 하는데, 봉기한 농민들 가운데 많은 수가 그 무렵 백성들 사이에 빠르게 전파되던 우리나라 고유 종교인 동학(東學)교인들이었기 때문입니다.

하지만 옛날 무기를 들고 일본군에 맞선 동학 농민군은 일본군의 상대가 되지 못했습니다. 결국 많은 농민군이 사망했고 동학 농민 운동은 실패로 끝나고 말았지요.

그렇지만 이들의 희생은 헛되지 않았습니다. 조선 조정은 백성들의 삶을 개선하고 새로운 나라를 건설하기 위해 여러 가지 개혁을 추진했습니다. 이를 **갑오개혁**(甲午改革)이라고 합니다. '갑오년(1894년)에 낡은 제도를 바꾼 일'이라는 뜻이지요.

한편 조선의 혼란을 틈타 조선에 들어온 일본군의 위협에 맞서, 조선 조정은 러시아에 도움을 요청했습니다. 그러자 일본은 조선 조정의 궁궐인 경복궁에 침입해 명성 황후를 **시해**(弑害)하는 **만행**(蠻行)을 저질렀는데, 이를 **을미사변**(乙未事變)이라고 합니다. '을미년(1895년)에 벌어진 큰 난리'라는 뜻이죠.

을미사변 乙未事變   을미년에 발생한 어지러운 사건.
둘째 천간 **을** · 여덟째 지지 **미** · 사건 **사** · 어지러울 **변**

시해 弒害   윗사람을 죽이는 것.
윗사람 죽일 **시** · 해칠 **해**   부모나 임금을 죽이는 행위를 이릅니다.

만행 蠻行   오랑캐가 저지를 만한 행동.
오랑캐 **만** · 행할 **행**

단발령 斷髮令   머리카락을 자르라는 명령.
자를 **단** · 머리 **발** · 명령 **령**

을사늑약 乙巳勒約   을사년에 강제로 이루어진 조약.
둘째 천간 **을** · 여섯째 지지 **사** · 억지로 할 **늑** · 조약 **약**

늑약(勒約)은 나라 사이에 강제로 맺은 조약을 말합니다. 일본 제국주의가 우리나라를 독점적으로 지배하기 위해 강제로 체결한 계약인데, 가장 주요한 내용은 대한 제국의 외교권을 빼앗아 자신들이 갖는 것입니다.

톺아보고 모아읽기

단발령(斷髮令)은 조선 후기에 성인 남자의 상투를 자르고 머리를 짧게 깎도록 나라에서 내린 명령입니다. 그 전까지 조선에서는 머리카락도 부모님이 주신 것이라는 이유로 자르지 않고 길러 상투를 트는 것이 일반적이었지요. 그런데 을미사변을 일으켜 명성 황후를 시해한 일본은 자신들의 영향력을 강화하고자 조선 조정에 단발령을 내릴 것을 요구했습니다. 그리해 많은 조선 백성들은 단발령에 반발해 의병을 일으키고 저항했지요.

을사오적 乙巳五賊
둘째 천간 **을**   여섯째 지지 **사**   다섯 **오**   도둑 **적**

을사년의 다섯 도둑.

을사늑약 체결에 앞장선 박제순, 이지용, 이근택, 이완용, 권중현을 말합니다.

관립 학교 官立學校
관아 **관**   세울 **립**   배울 **학**   학교 **교**

관아, 즉 나라에서 세운 학교.

나라에서 세워 운영하는 학교를 이릅니다.

톺아보고 모아 읽기

을사늑약(乙巳勒約)은 '을사년(1905년)에 강제로 맺은 조약'이라는 뜻으로, 일본 제국주의가 우리나라를 침략하기 위해 강제로 체결한 조약입니다. 조약의 주요한 내용은 우리나라의 **외교권**(外交權)을 일본에 넘긴다는 것이었습니다. 외교권을 빼앗긴 우리나라는 다른 나라에 대해 우리나라의 **자주권**(自主權), 즉 '스스로 주인이 되는 권리'를 행사할 수 없게 되었습니다. 을사늑약에 앞장선 **매국노**(賣國奴, 팔 매, 나라 국, 천할 노 : 나라를 팔아먹은 천한 놈)가 다섯 명이 있었는데, 이들을 **을사오적**(乙巳五賊)이라고 합니다. '을사년에 나라를 파는 데 앞장선 다섯 명의 적'이란 뜻이죠.

사립 학교 私立學校
개인 **사** | 세울 **립** | 배울 **학** | 학교 **교**

개인이 세운 학교.

개인이 세워 운영하는 학교를 이릅니다.

외교권 外交權
바깥 **외** | 사귈 **교** | 권리 **권**

다른 나라와 사귈 수 있는 권리.

주권을 가진 국가로서 다른 나라와 외교를 할 수 있는 권리입니다.

자주권 自主權
스스로 **자** | 주인 **주** | 권리 **권**

스스로 주인이 될 권리.

국가가 국내 문제나 대외(對外, 대할 **대**, 바깥 **외**) 문제를 자기 뜻대로 자유롭게 결정할 수 있는 권리입니다.

일제 日帝
일본 **일** | 황제 **제**

일본 제국주의.

'일본 제국주의' 또는 '일본 제국'을 줄인 말입니다. 제국주의(帝國主義, 황제 **제**, 나라 **국**, 주인 **주**, 뜻 **의**)란 자신들의 이익을 위해 다른 나라나 민족을 침략하는 이념을 말합니다.

칙령 勅令
조서 **칙** | 명령 **령**

임금이 내린 명령.

특사 特使
특별할 **특** | 사절 **사**

특별히 임명한 사절.

나라를 대표해 특별한 임무를 띠고 외국에 파견되는 사람을 이릅니다.

퇴위 退位 임금의 자리에서 물러남.
물러날 **퇴** 자리 **위**

즉위 卽位 임금의 자리에 오름.
자리에 나아갈 **즉** 자리 **위**

항일 의병 抗日義兵 일본에 저항해 일어난 의로운 병사들.
대항할 **항** 일본 **일** 의로울 **의** 병사 **병**

국채 보상 운동 國債報償運動
나라 **국** 빚 **채** 갚을 **보** 갚을 **상** 움직일 **운** 움직일 **동**

나라의 빚을 갚자는 운동.
1907년 일본에 진 빚을 우리 스스로 갚아 경제적으로 자립하자는 운동입니다.

국권 피탈 國權被奪 나라의 권리를 빼앗긴 것.
나라 **국** 권리 **권** 당할 **피** 빼앗을 **탈**

1910년에 대한 제국은 일제의 압력에 못 이겨 강제로 나라의 통치권을 빼앗기고 식민지가 되고 말았는데, 이를 가리켜 국권 피탈이라고 합니다. 피탈(被奪)은 '빼앗겼다'는 뜻입니다. 이와 반대로 남의 것을 억지로 빼앗는 것을 약탈(掠奪, 노략질할 **약**, 빼앗을 **탈**)이라고 하지요.

조선 태형령 朝鮮笞刑令
아침 **조** 고울 **선** 볼기 칠 **태** 형벌 **형** 명령 **령**

조선에서 볼기를 때리는 형벌.
태형(笞刑)은 몽둥이로 사람의 엉덩이를 때리는 형벌입니다.

일본 제국주의의 침략이 본격적으로 이루어지면서 우리나라 백성들의 저항도 점차 강해졌습니다. 을사늑약이 체결되자 이에 저항하는 의병이 전국 각지에서 일어나 일본군에 맞서 싸웠습니다.

그 후 대한 제국의 군대가 해산되자 군대에서 쫓겨난 군인들이 의병에 참여했고, 이때부터 **항일 의병**(抗日義兵) 운동은 의병 전쟁으로 발전했습니다. 의병들이 일본을 상대로 전쟁을 벌이기 시작한 것이지요. 그러나 강력한 일본의 탄압으로 뜻을 펼치지 못한 의병들은 결국 만주나 연해주 같은 곳으로 이동해 그곳에서 새롭게 항일 투쟁을 벌여야 했습니다.

의병 운동이나 의병 전쟁이 무력(武力, 병사 무, 힘 력)으로 일본 제국주의에 맞선 저항이라면 **국채 보상 운동**(國債報償運動)은 경제적으로 일본에 의존하지 않고 우리 스스로 경제적 자립을 꾀하려는 운동이었습니다. 국채(國債)는 '나라가 진 빚'이라는 뜻으로 우리 정부가 일본에 진 빚입니다. 이 빚을 백성들의 힘으로 갚겠다는 운동이 바로 국채 보상 운동이지요. 그러나 이 운동도 일본 제국주의의 방해와 탄압으로 중단되고 말았습니다.

헌병 경찰제 憲兵警察制
가르칠 **헌** 　병사 **병** 　방비할 **경** 　살필 **찰** 　제도 **제**

헌병이 경찰의 역할을 하는 제도.

헌병은 군대 내의 경찰이라 할 수 있습니다. 따라서 헌병이 일반 백성을 다스려서는 안 됩니다. 그런데 일제는 헌병에게 조선의 민간인들을 감시하고 처벌할 수 있도록 했습니다. 이를 헌병 경찰제라고 하지요.

순사 巡査
돌 **순** 　조사할 **사**

지역을 돌며 조사하는 사람.

일제 강점기에 낮은 계급의 경찰을 이릅니다.

국유지 國有地
나라 **국** 　가질 **유** 　땅 **지**

나라가 소유한 땅.

사유지 私有地
개인 **사** 　가질 **유** 　땅 **지**

개인이 소유한 땅.

산미 증식 계획 産米增殖計劃
생산할 **산** 　쌀 **미** 　늘릴 **증** 　키울 **식** 　계획할 **계** 　꾀할 **획**

쌀의 생산을 늘리는 계획.

쌀이 부족했던 일본 제국주의는 조선 침략이 본격화된 1920년대부터 자신들의 식량 공급처로 조선을 꼽고 조선에서의 쌀 생산량을 늘리기 위해 산미 증식 계획을 추진했습니다. 산미(産米)는 '쌀을 생산한다', 증식(增殖)은 '늘려 키운다'는 뜻이지요.

민족 자결주의 民族自決主義
백성 민　겨레 족　스스로 자　결정할 결　주인 주　뜻 의

민족이 자신들의 일을 스스로 결정하는 것.

미국의 윌슨 대통령이 1918년에 발표했는데요. 세계 모든 민족은 자신들의 정치적 결정을 스스로 해야 한다는 주장입니다.

물산 物産
물건 물　생산할 산

물건을 생산하는 것.

일제 강점기에 우리나라의 지도자들은 우리 겨레의 실력을 키우기 위해 물산 장려(物産獎勵, 물건 물, 생산할 산, 장려할 장, 힘쓸 려) 운동을 벌였습니다. 물산 장려 운동은 우리 손으로 우리가 사용하는 상품들을 생산해 우리의 힘을 키우기 위한 행동이었습니다.

항일 抗日
대항할 항　일본 일

일본 제국주의에 저항하는 행동.

1927년에는 항일 단체인 신간회가 창립되었습니다.

광주 학생 항일 운동 光州學生抗日運動
빛 광　고을 주　배울 학　날 생　대항할 항　일본 일　움직일 운　움직일 동

광주에서 학생들이 일본에 저항해 일으킨 운동.

1929년에 광주에서 우리나라 학생들이 일본 학생들을 상대로 일으킨 항일 운동입니다.

매복 埋伏 땅속에 묻힌 채 엎드려 있는 것.
묻을 매 엎드릴 복

상대편의 움직임을 살피거나 상대편을 갑자기 공격하기 위해 일정한 곳에 숨어 있는 것을 이릅니다.

의거 義擧 옳은 일을 실행하는 것.
옳을 의 행할 거

1932년 1월, 일본 도쿄에서 일본 왕 히로히토가 탄 마차를 향해 폭탄을 던진 이봉창, 1932년 4월, 상하이 훙커우 공원에서 일본군 총사령관 일행을 향해 폭탄을 던진 윤봉길 등의 행동을 의거라고 합니다.

의거(義擧)는 '옳은 일을 실천에 옮기는 것'입니다. 의거를 일으킨 사람은 의사(義士, 옳을 의, 선비 사)라고 하고요. 그래서 이토 히로부미를 저격한 안중근, 일본 왕 히로히토를 저격하려다 실패한 이봉창, 일본군 총사령관 일행을 저격한 윤봉길 등을 모두 의사라고 부르지요.
한편 이회영과 그의 형제들은 조선에서 손꼽히는 부자였지만 모든 재산을 정리한 후 이를 가지고 만주로 가서 신흥 무관 학교를 세워 독립군을 양성했습니다. 일본 제국주의자들이 침략했을 때 일본을 도와주고 큰 이익을 거둔 을사오적이나 친일파(親日派, 친할 친, 일본 일, 무리 파 : 일본과 친하게 지내는 무리)들도 있지만, 안중근 의사, 이봉창 의사, 윤봉길 의사, 그리고 이회영 가족처럼 자신의 목숨과 재산을 던져 독립운동에 힘쓴 분들도 무척 많았답니다.

신사 神社
귀신 **신** 토지신 **사**
일본 왕실의 조상, 일본에 공이 큰 사람 등을 신으로 모신 일본의 사당.

신궁 神宮
귀신 **신** 궁 **궁**
신이 머무는 궁.

신사(神社) 가운데 가장 높은 사당을 가리켜 신궁이라고 합니다.

일제 강점기 日帝强占期
일본 **일** 황제 **제** 억지로 **강** 점령할 **점** 때 **기**

일본 제국주의가 강제로 점령하고 있던 시기.

1910년 8월 29일부터 1945년 8월 14일까지를 말합니다.

군수 공장 軍需工場
군사 **군**   공급할 **수**   만들 **공**   장소 **장**

군대에 공급하는 물건을 만드는 공장.

군수(軍需)는 군대가 활동하는 데 필요한 물자를 이릅니다. 무기는 물론 군복, 군인들이 먹는 음식 등 다양한 물자가 이에 속합니다. 군수 공장은 그러한 물자를 생산하는 공장을 가리킵니다.

시사만평 時事漫評
때 **시**   사건 **사**   만화 **만**   평할 **평**

때때로 일어나는 사건을 만화로 나타내는 것.

6학년 1학기   3. 대한민국의 발전과 오늘의 우리

22

신탁 통치 信託統治
맡길 **신**   맡길 **탁**   다스릴 **통**   다스릴 **치**

나라를 일정 기간 다스리도록 믿고 맡기는 것.

모스크바 삼국 외상 회의 ―三國外相會議
셋 **삼**   나라 **국**   바깥 **외**   재상 **상**   모일 **회**   의논할 **의**

모스크바에서 열린 세 나라 외무 장관 회의.

미국, 영국, 소련의 외무 장관이 모스크바에 모여 한반도 문제 등을 협의한 회의입니다.

남북 연석회의 南北連席會議

남쪽 **남** 북쪽 **북** 연결할 **연** 자리 **석** 모일 **회** 의논할 **의**

남한과 북한의 지도자들이 함께 모여 연 회의.

1948년 북한의 평양에서 남한과 북한의 정치 지도자, 사회단체 대표자 등이 모여 연 회의입니다.

1945년 8월 15일에 일본 제국주의는 멸망하고 우리나라는 광복이 되었습니다. 광복(光復, 빛 **광**, 돌아올 **복**)은 '나라를 되찾음'이라는 뜻입니다. 그래서 1945년 8월 15일을 광복절(光復節)이라고 합니다.

나라를 되찾은 우리 겨레는 우리만의 나라를 세우고자 노력했으나 미국과 영국, 소련(러시아가 탄생하기 전에 존재했던 나라)의 세 나라 외무 장관들은 모스크바에서 모여 **모스크바 삼국 외상 회의**를 열고 한반도를 신탁 통치하기로 결정했습니다.

신탁 통치(信託統治)란 '일정한 기간 동안 한 나라를 대신 다스린다'는 뜻이지요. 결국 우리는 신탁 통치를 찬성하는 사람들과 반대하는 사람들로 나뉘어 갈등을 겪게 되었고, 이에 국제 연합은 남한과 북한이 함께 총선거를 실시해 새로운 나라를 세우도록 결정했습니다. 김구를 비롯한 여러 지도자들은 1948년 4월 북한에 가서 **남북 연석회의**(南北連席會議)에 참석하며 통일된 나라를 세우기 위해 노력했지요. 그러나 결국 남한은 1948년 5월 10일에 남한만의 총선거를 실시해 제헌 국회 의원을 선출하고 **제헌 국회**(制憲國會)를 세웠습니다. 이로써 남한에 대한민국이 수립되었고, 북한도 1948년 9월에 자신들만의 나라를 세웠습니다. 그리고 그 결과 우리나라는 두 나라로 분단되어 오늘날까지 이르게 된 것입니다.

제헌 국회 制憲國會
만들 **제** · 헌법 **헌** · 나라 **국** · 모임 **회**

헌법을 만든 국회.

우리나라의 헌법을 만들어 정한 초대(初代, 처음 초, 시대 대 : 처음 시작한 시대) 국회를 이릅니다.

국제 연합 國際聯合
나라 **국** · 사이 **제** · 연결할 **연** · 합칠 **합**

나라와 나라 사이를 연결하고 합한 것.

UN(The United Nations)의 우리말 명칭입니다. 영어로는 '연합된(통합한) 나라들'이라는 뜻입니다. 국제 연합과 뜻이 통하지요.

대한민국 大韓民國
큰 **대** · 나라 이름 **한** · 백성 **민** · 나라 **국**

대한이라는 이름을 가진 백성 중심의 나라.

오늘날 우리가 사는 나라의 공식 명칭입니다.

부정 선거 不正選擧
아닐 **부** · 바를 **정** · 뽑을 **선** · 등용할 **거**

바르지 않게 치른 선거.

군사 정변 軍事政變
군대 **군** · 사건 **사** · 정치 **정** · 모반 **변**

군인들이 정치적으로 모반을 일으킨 것.

모반(謀反, 꾀 모, 배반할 반)은 '배반을 꾀하다'란 뜻입니다.

개헌 改憲
고칠 **개** · 헌법 **헌**

헌법을 고치는 것.

초등학교 初等學校 처음 배우는 학교.
처음 **초** 등급 **등** 배울 **학** 학교 **교**

태어나서 처음으로 입학하는 학교를 이릅니다.

의무 교육 義務敎育 나라에서 시민을 의무적으로 가르치는 것.
도리 **의** 직분 **무** 가르칠 **교** 기를 **육**

톺아보고 모아읽기

갑오개혁 때 처음으로 나라에서 어린이들을 가르치는 학교를 세웠는데, 이때 명칭은 소학교(小學校, 작을 소, 배울 학, 학교 교)였습니다. '작은 사람, 즉 어린이들이 공부하는 학교'라는 뜻이지요. 그 후 보통학교(普通學校, 널리 보, 두루 통, 배울 학, 학교 교), 즉 '모든 백성들이 널리 그리고 두루 배우는 학교'라는 이름으로 바뀌었다가 일제 강점기에는 국민학교(國民學校, 나라 국, 백성 민, 배울 학, 학교 교)라고 불렀습니다. 국민학교는 '나라의 백성들이 배우는 학교'라는 뜻인데, 이는 일본이라는 나라에 충성하는 백성들을 가르친다는 뜻을 품은 좋지 않은 단어입니다. 그래서 명칭을 바꿔야 한다는 주장이 끊임없이 제기되었고, 결국 1996년에 **초등학교**(初等學校)라는 명칭을 쓰게 되었지요.

육(育)은 '어린이를 기른다'는 뜻의 한자입니다. 이 글자가 들어가는 단어는 대부분 '기르다, 가르치다, 키우다' 같은 뜻을 갖는답니다. **의무 교육**(義務敎育)은 '일정한 나이가 된 아동을 나라에서 의무적으로 가르치는 것'을 말합니다. 육아(育兒, 기를 육, 아이 아)는 '어린아이를 기르는 것'을 말하고요. 그래서 아이를 기르는 데 필요한 돈을 '육아 비용'이라고 하지요. 우리 정부는 육아 비용을 지원해 준답니다. 또 보육 시설(保育施設, 도울 보, 기를 육, 설치할 시, 세울 설)은 '아이를 기르는 데 도움이 되도록 세운 시설'입니다.

민주 항쟁 民主抗爭 — 민주주의를 위해 싸우는 것.
백성 **민** / 주인 **주** / 대항할 **항** / 다툴 **쟁**

백성이 주인 되는 제도인 민주주의를 되찾기 위해 독재 정부에 저항해 싸우는 것을 이릅니다.

정상 회의 頂上會議 — 나라를 대표하는 가장 높은 사람들이 모여 여는 회의.
꼭대기 **정** / 위 **상** / 모일 **회** / 의논할 **의**

세계화 世界化 — 지구상의 모든 나라들이 하나의 세계처럼 변화하는 것.
세상 **세** / 경계 **계** / 될 **화**

권익 權益 — 권리와 그로부터 생기는 이익.
권리 **권** / 이익 **익**

사유 재산 私有財産 — 개인이 가지고 있는 재산.
개인 **사** / 가질 **유** / 재물 **재** / 만들 **산**

분단 分斷 — 나라가 나뉘고 끊어지는 것.
나눌 **분** / 끊어질 **단**

23

6학년 2학기 1. 우리나라의 민주 정치

정치 政治
바로잡을 정 · 다스릴 치
나라에서 일어나는 모든 일들을 바로잡고 다스리는 것.

민주 정치 民主政治
백성 민 · 주인 주 · 바로잡을 정 · 다스릴 치
백성이 주인이 되어 나라의 중요한 일을 결정하는 것.

법 法
법 법
법.

많은 사람들이 함께 지키기로 약속하고 만든 국가의 규칙을 말합니다.

헌법 憲法
헌법 헌 · 법 법
나라의 으뜸가는 법.

다수결 多數決
많을 다 · 수 수 · 결정할 결
셀 수
어떤 일을 결정할 때 많은 사람들이 지지한 것에 따르는 것.

'다수결의 원칙'은 의견을 결정할 때 많은 사람이 지지한 것에 따르는 원칙입니다.

삼권 분립 三權分立
셋 삼 · 권한 권 · 나눌 분 · 세울 립
세 가지 권한을 각각 다른 부서에 나누어 세우는 것.

국회 國會
나라 국 · 모임 회
나라의 대표적인 모임.

나라를 다스리는 일을 한 사람이나 한 기관에 맡긴다면 어떻게 될까요? 그 사람이나 기관이 잘못한다면 나라는 큰 위기에 빠지게 되겠지요. 그래서 나라를 이끌어 가는 일을 세 가지로 나누어 각기 다른 기관에 맡겨 놓았습니다. 이를 **삼권 분립**(三權分立)이라고 하는데, '세 가지 권력을 나누어 세운다'는 뜻이지요. 세 가지 권력은 '국회, 정부, 법원'을 말합니다.

국회(國會)는 법을 만들고, 정부가 살림살이를 잘 꾸리는지 감독합니다.

정부(政府)는 국회에서 정한 법에 따라 나라 살림살이를 꾸려 나갑니다.

법원(法院)은 나라 안에서 일어나는 일들이 법에 맞게 이루어지는지 확인하고, 만일 법을 어긴 사람이나 기관이 있다면 재판을 통해 바로잡는 일을 합니다.

세 가지 권력이 나라를 다스린다면 누구도 마음대로 하지 못할 뿐 아니라 잘못할 때는 다른 기관의 견제를 받게 됩니다.

정부 **政府** 나라의 살림살이를 다스리는 관청.
나라 다스릴 **정** 관청 **부**

법원 **法院** 법을 다루는 관청.
법 **법** 관청 **원**

부속 도서 **付屬島嶼** 큰 지역에 붙어 있는 섬들.
붙을 **부** 붙일 **속** 섬 **도** 작은 섬 **서**

우리나라 헌법에는 '대한민국의 영토는 한반도와 그 부속 도서로 한다.'고 쓰여 있습니다. 즉 한반도와 그 주변에 딸려 있는 모든 섬들이 우리나라의 영토라는 뜻이지요.

24 6학년 2학기 2. 이웃 나라의 환경과 생활 모습

표준시 **標準時** 지역별로 기준이 되는 시각.
기둥 **표** 기준 **준** 시각 **시**

배타적 경제 수역 **排他的經濟水域**
밀어낼 **배** 다를 **타** ~의 **적** 다스릴 **경** 구할 **제** 물 **수** 영역 **역**

다른 나라의 침범을 물리치고 우리나라만의 경제적 이익을 추구할 수 있는 바다 영역.

암초 暗礁 물에 잠겨 있어 안 보이는 바위.
어두울 **암** 물에 잠긴 바위 **초**

대부분의 나라에서는 자신들의 나라에서 사용하는 **표준시**(標準時)를 정해 사용합니다. 일반적으로는 태양이 머리 위에 있을 때를 낮 12시로 정해 사용하지요. 그런데 영토가 넓은 나라에서는 각 지역별로 태양이 머리 위에 오는 낮 12시가 달라질 수 있습니다. 그래서 러시아는 11개의 표준시를 사용합니다. 동쪽 끝과 서쪽 끝 사이에 10시간 차이가 나는 셈이지요. 미국도 동부와 서부의 표준시가 다릅니다. 반면에 중국은 나라가 매우 넓은데도 불구하고 온 나라가 같은 표준시를 사용합니다. 우리나라는 일본 도쿄의 표준시를 사용합니다.

배타적 경제 수역(排他的經濟水域)은 영어로 EEZ(Exclusive Economic Zone)라고 하는데, 바다와 닿은 육지로부터 200해리 수역(水域, 물 **수**, 영토 **역** : 물 위의 영토) 안에 들어가는 바다를 말합니다. 해리는 거리의 단위로 바다에서 긴 거리를 나타낼 때 씁니다. 1해리는 1,852m에 해당합니다. 바다와 닿은 나라는 이 수역 안에서 어업 및 광물 자원 따위에 대한 모든 경제적 권리를 배타적(排他的, 밀어낼 **배**, 다를 **타**, ~의 **적** : 다른 나라를 밀어내고)으로 독점하며, 해양 오염을 막기 위한 규제의 권한을 가집니다.

암초(暗礁)는 물에 잠겨 있어 안 보이는 바위를 이릅니다. 국제법에 따르면 암초는 그곳으로부터 가장 가까운 곳에 있는 섬에 속하는 것으로 봅니다. 그래서 제주도 남쪽에 있는 마라도에서 149km 떨어진 곳에 있는 이어도는 우리나라 영역입니다.

환태평양 環太平洋

고리 **환** | 클 **태** | 평평할 **평** | 바다 **양**

태평양을 고리처럼 둘러싼 것.

환태평양은 태평양을 둘러싸고 있는 지역을 이르는 명칭입니다. 우리나라를 비롯해 일본, 중국, 미국, 오스트레일리아, 뉴질랜드, 캐나다, 멕시코, 칠레 등이 두루 포함됩니다.

지진대 地震帶

땅 **지** | 움직일 **진** | 띠 **대**

지진이 일어나는 띠.

대(帶)는 '긴 띠'를 가리키는 한자입니다. 지진이 많이 일어나는 지역을 지진대라고 부르는데, 이는 지진이 긴 띠 모양을 이루고 있는 지역을 따라 자주 발생하기 때문입니다.

화산대 火山帶

불 **화** | 산 **산** | 띠 **대**

화산이 발생하는 띠.

화산도 띠 모양으로 이어진 지역에서 자주 발생합니다. 그래서 화산대라는 명칭이 생겨났지요.

국경 國境

나라 **국** | 경계 **경**

나라와 나라 사이의 경계.

> 6학년 2학기 3. 세계 여러 지역의 자연과 문화
> 6학년 2학기 4. 변화하는 세계 속의 우리

25

지구본 地球本 — 지구의 모습을 한 물건.
땅 지 공 구 몸 본

대권 항로 大圈航路 — 지구 전체의 범위에서 비행기가 가는 길.
큰 대 범위 권 건널 항 길 로

둥근 지구 표면에서 볼 때 두 지점 사이의 가장 짧은 거리를 이릅니다.

박물관 博物館 — 다양한 물건을 보관, 전시하는 건물.
넓을 박 만물 물 건물 관

문화 다양성 선언 文化多樣性宣言
문화 문 될 화 많을 다 모양 양 성질 성 공포할 선 말씀 언

지구상에는 각기 다른 문화가 매우 많이 있다는 사실을 널리 알리는 것.

179

톺아보고 모아읽기

지구본(地球本)은 실제 지구의 모습을 보여 주기 위한 물건입니다. 그래서 둥근 지구를 작게 줄여 만들었습니다. 우리가 자주 보는 지도가 둥근 지구를 평면에 표시한 것과 달리 지구를 그대로 줄였기 때문에 실제 지구와 흡사합니다. 그렇지만 지도가 세계를 한눈에 볼 수 있는 데 비해 지구본은 한눈에 지구 전체를 볼 수 없답니다.

지구본을 이용하면 나라와 나라, 도시와 도시 사이를 가장 가깝게 갈 수 있는 길이 보입니다. 반대로 지도 위에서 가장 가까워 보이는 길이 실제로는 먼 길인 경우가 많습니다. 지구 위에 있는 이곳에서 저곳으로 갈 때는 직선으로 가는 것이 아니라 둥근 지구 위를 가야 하기 때문이지요.

그래서 외국에 갈 때 이용하는 비행기는 지도에서 가까운 길을 가는 것이 아니라 **대권 항로**(大圈航路)를 이용합니다. 대권 항로란 지구 표면 위에 있는 두 점 사이의 가장 짧은 거리를 가리키니까요.

2001년 11월 3일, 프랑스 파리에서 세계 164개국 대표들이 참가한 제31회 유네스코 정기 총회가 열렸습니다. 이 회의에서는 세계화 때문에 위협받고 있는 각 나라와 각 지역의 고유한 문화를 보호하기 위해 **문화 다양성 선언**(文化多樣性宣言)을 채택했습니다.

각 나라 또는 민족은 오랜 세월에 걸쳐 자신들만의 문화를 만들고 보존, 발전시켜 왔습니다. 그런데 지구가 세계화되면서 한 나라의 문화를 다른 나라들이 쉽게 받아들이게 되었지요. 그러다 보니 힘이 약하거나 크지 않은 나라의 문화는 강한 나라의 문화에 밀려 점차 사라지기 시작했습니다. 문화는 강한 나라의 것뿐만 아니라 약한 나라의 것 또한 소중한 인류의 유산인데도 말이지요.

그래서 유네스코에서는 문화 다양성, 즉 세계 모든 민족의 각기 다른 문화가 함께하는 것이 현재와 미래 세대의 구성원이 평화롭게 공존하기 위해 꼭 필요한 것이라고 판단하고 '문화 다양성 선언'을 채택했답니다.

수학 數學

磨斧作針
갈 **마**   도끼 **부**   지을 **작**   바늘 **침**

마부작침 한자 뜻은 '도끼를 갈아서 바늘을 만든다'는 뜻이에요. 아무리 어려운 일이라도 끝까지 노력하면 이룰 수 있다는 뜻이지요. 수학, 어려워서 포기할까 싶다고요? 무슨 공부든 개념을 바로 알면 실수가 줄어듭니다. 수학 단어의 한자 뜻을 잘 살펴서 재미있게 수학 공부 시작해 보세요.

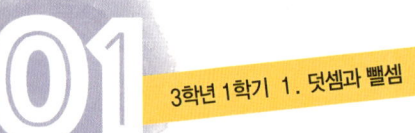

3학년 1학기 1. 덧셈과 뺄셈

합 合 — 더하는 것.
합할 **합**

차 差 — 둘 사이의 차이.
차이 날 **차**

열량 熱量 — 더운 기운의 크기.
더운 기운 **열**   헤아릴 **량**

과학에서는 몸속에서 발생하는 에너지의 양을 열량이라고 합니다.

간식 間食 — 식사와 식사 사이에 먹는 것.
사이 **간**   먹을 **식**

간식은 제대로 먹는 식사가 아니라 식사와 식사 사이에 간단히 먹는 음식을 말합니다.

184

소모 消耗　써서 없어짐.
사라질 소　쓸 모

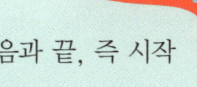
3학년 1학기 2. 평면도형

선분 線分　나누어져 양쪽 끝이 있는 선.
선 선　나눌 분

반직선 半直線　한쪽은 끝이 있고 다른 한쪽은 끝이 없이 곧게 이어진 선.
절반 반　곧을 직　선 선

직선 直線　양쪽으로 끝없이 곧게 이어진 선.
곧을 직　선 선

선분(線分)은 '나누어진 선'이라는 뜻이지요. 그래서 선분은 처음과 끝, 즉 시작과 끝이 있답니다.

직선(直線)은 '곧게 이어지는 선'이지요. 그래서 직선은 끝이 없습니다.

반직선(半直線)은 한쪽은 끝이 있고 다른 한쪽은 끝이 없는 선입니다.

각 角
각 각

두 반직선이 한 점에서 출발하면서 만들어진 부분.

도형 圖形
그림 도 　 모양 형

모양을 이루는 그림.

직각 直角
곧을 직 　 각 각

두 반직선이 곧게 이루는 각.

두 반직선이 만나 90도를 이루는 각을 직각이라고 합니다.

직각 삼각형 直角三角形
곧을 직 　 각 각 　 셋 삼 　 각 각 　 모양 형

세 각 가운데 한 각이 직각으로 이루어진 모양.

직각 삼각형에서는 한 각이 직각입니다.

직사각형 直四角形
곧을 직 　 넷 사 　 각 각 　 모양 형

네 각이 직각으로 이루어진 모양.

직사각형에서는 네 각이 모두 직각을 이룹니다.

정사각형 正四角形
바를 정 　 넷 사 　 각 각 　 모양 형

네 각이 직각이면서 각 변의 길이가 모두 바르게 같은 모양.

정사각형에서는 네 각이 모두 직각이고 네 변의 길이가 모두 같습니다.

3학년 1학기 3. 나눗셈
3학년 1학기 6. 분수와 소수
3학년 2학기

무인도 無人島 사람이 살지 않는 섬.
없을 무 사람 인 섬 도

분수 分數 수를 나눈 모양.
나눌 분 수 수
       셀 수

1을 2로 나눈 것은 $\frac{1}{2}$로 나타냅니다. 이때 $\frac{1}{2}$이 분수랍니다.

분모 分母 분수 가운데 나눈 수.
나눌 분 엄마 모

1을 2로 나누면 $\frac{1}{2}$이 되지요. 이때 나눈 수는 2입니다. 따라서 분수의 가로선 아래쪽에 있는 수를 분모라고 합니다.

분자 分子 분수 가운데 나뉜 수.
나눌 분 아들 자

반대로 $\frac{1}{2}$에서 1은 2로 나뉜 것이지요. 그래서 분수의 가로선 위쪽에 있는 수를 분자라고 합니다.

단위 분수 單位分數 분자 수가 하나, 즉 1인 분수.
하나 단 자리 위 나눌 분 수 수
                            셀 수

$\frac{1}{2}$, $\frac{1}{3}$, $\frac{1}{4}$과 같이 분자가 1인 분수를 단위 분수라고 합니다.

분수(分數)는 '수를 나누었다'는 뜻이에요. 수를 나눈 것은 $\frac{1}{2}$처럼 나타내기로 약속했답니다. 그래서 이런 형태를 분수라고 부르지요. 이때 가로선의 아래쪽을 **분모**(分母), 즉 '나눈 수의 엄마', 위쪽을 **분자**(分子), 즉 '나눈 수의 아들'이라고 부른답니다. 재미있죠? 엄마가 아들을 안고 있는 모습으로 표현했으니 말이에요.

3을 5로 나누면 $\frac{3}{5}$이에요. 이때 3은 분자, 5는 분모지요.

1을 3으로 나누면 $\frac{1}{3}$입니다. 이렇게 분수 가운데 분자가 1인 분수를 단위 분수라고 부른답니다.

단위 분수(單位分數)란 '분자가 하나, 즉 1인 분수'라는 뜻이에요.

수를 나누는 것을 나타내는 기호는 분수 외에도 소수가 있어요.

소수(小數)는 '작은 수'라는 뜻이지요. 수를 나누었으니까 작아질 게 분명하지요. 그래서 소수라고 부른답니다. 소수는 0.1처럼 표시해요. 읽을 때는 '영점 일'이라고 읽어요.

이때 숫자와 숫자 사이에 찍는 점을 **소수점**(小數點)이라고 부릅니다. '작은 수를 나타내는 점'이라는 뜻이지요.

소수 　小 數　　작은 수. 0보다는 크지만 1보다는 작은 수.
　　　작을 소　수 수
　　　　　　셀 수

0.1, 0.2, 0.3과 같은 수가 소수인데요. 이것을 읽을 때는 '영점 일, 영점 이, 영점 삼'처럼 읽습니다. 이때 점을 소수점이라고 합니다.

소수점 　小 數 點　　소수를 나타낼 때 사용하는 점.
　　　　작을 소　수 수　점 점
　　　　　　　　셀 수

중심 　中 心　　물체의 한가운데.
　　　가운데 중　한가운데 심

수학에서는 원의 가장 안쪽에 있는 점을 원의 중심이라고 합니다.

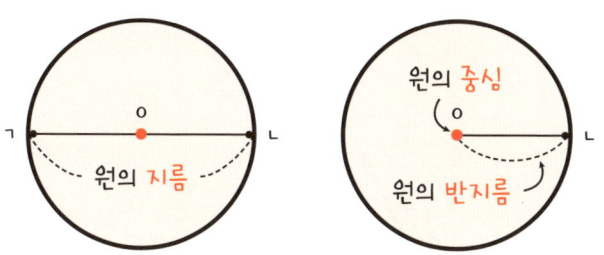

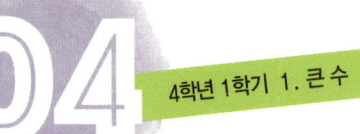

억 億
억 억

만의 만 배를 가리키는 수.

100000000이라고 쓰고, 억 또는 일 억이라고 읽습니다.

조 兆
조 조

억의 만 배를 가리키는 수.

1000000000000이라고 쓰고, 조 또는 일 조라고 읽습니다.

각(角)은 한 점에서 그은 두 반직선으로 이루어집니다. 말로 하니까 어렵다고요? 그럼 그림으로 볼까요?

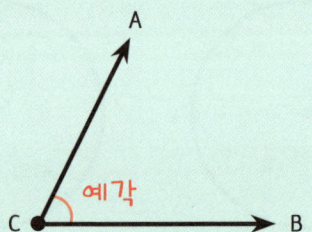

이렇게 한 점에서 출발하는 두 개의 반직선 사이의 크기를 각이라고 한답니다.
각은 여러 형태로 나타나지요.
두 반직선 사이가 넓을 수도 있고 좁을 수도 있으니까 당연히 각도 그 크기가 클 수도 있고 작을 수도 있습니다.
각의 크기를 재는 도구를 **각도기**(角度器)라고 합니다. '각의 정도를 재는 도구'죠.
각의 크기는 **각도**(角度), '각의 정도'라고 부르고요.

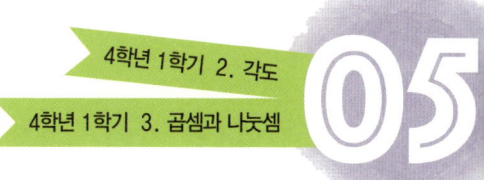

각도기 角度器 각도를 재는 도구.
각 **각** 정도 **도** 도구 **기**

각도 角度 각의 정도.
각 **각** 정도 **도**

한 반직선이 수평(水平, 물 수, 평평할 평)으로 나아가고 다른 반직선이 수직(垂直, 드리울 수, 곧을 직)으로 나아갈 때 만들어진 각을 **직각**(直角)이라고 해요.

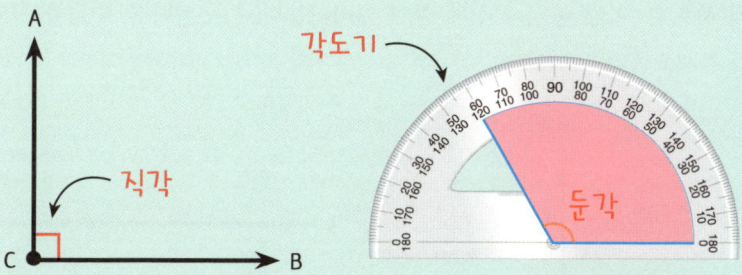

그리고 직각일 때의 각도를 90도라고 합니다.

크기가 0도보다 크고 직각보다 작은 각도를 **예각**(銳角)이라고 해요. 예각이란 '날카로운 각'이란 뜻이죠. 보기에도 날카로워 보이잖아요.

크기가 직각보다 크고 180도보다 작은 각도는 **둔각**(鈍角)이라고 부릅니다. 둔각이란 '무딘 각'이란 뜻이죠. 보기에도 예각보다 무뎌 보이죠.

예각 銳角
날카로울 예 각 각

날카롭게 생긴 각.

날카롭게 생기기 위해서는 각의 크기가 0도보다는 크고 직각(直角)보다는 작아야겠지요.

둔각 鈍角
무딜 둔 각 각

무디게 생긴 각.

각이 무디게 생기기 위해서는 직각(直角)보다 크고 180도보다 작아야 합니다.

검산 檢算
검사할 검 계산 산

계산이 맞는지 검사하는 것.

수직(垂直)은 '아래 놓인 직선에 곧게 내리긋는다'는 뜻입니다. 수직을 그림으로 그려 볼까요?

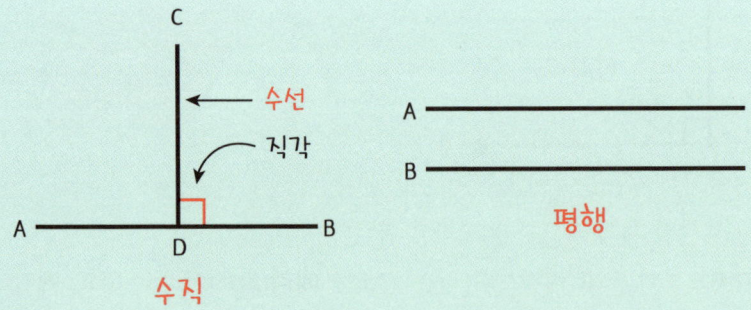

두 직선이 만나는 곳에 직각, 즉 90도의 각이 생기는군요. 이렇게 두 직선이 수직으로 만나 직각을 이루면 한 직선을 다른 직선에 대한 **수선**(垂線)이라고 합

4학년 2학기 2. 수직과 평행

06

수직 垂直 선을 곧게 내리그은 것.
드리울 **수** 곧을 **직**

수선 垂線 곧게 내리그은 선.
드리울 **수** 선 **선**

두 직선이 서로 수직으로 만나면 한 직선을 다른 직선에 대한 수선이라고 한답니다.

평행 平行 평평하게 끝까지 가는 것.
평평할 **평** 갈 **행**

톺아보고 모아 읽기

니다. '곧게 내리그은 선'이라는 뜻이지요.
수직선이 서로 만나 직각을 이루는 데 비해 영원히 만나지 못하는 경우도 있어요. 옆의 오른쪽 그림처럼 위아래 직선은 아무리 멀리 가도 서로 만나지 못합니다. 이처럼 영원히 만나지 못하는 두 직선을 **평행**(平行)이라고 합니다. '평평하게 간다'는 뜻이지요. 평행한 두 직선을 가리켜 **평행선**(平行線)이라고 하고요.

평행선 平行線 평행하게 끝까지 가는 선.
평평할 **평** 갈 **행** 선 **선**

다각형(多角形)은 '각이 여러 개인 모양'이라는 뜻으로, 여러 개의 선분으로 둘러싸인 도형입니다. 각이 몇 개인가에 따라 **삼각형**(三角形, 각이 세 개), **사각형**(四角形, 각이 네 개), **오각형**(五角形, 각이 다섯 개) 등으로 부르지요.
사각형은 그 모양에 따라 여러 가지 이름이 붙었는데요.
평행사변형(平行四邊形)은 두 변씩 짝지어 서로 평행하게 가는 모양이에요. 그러니까 그림에서 보듯이 선분 AB와 선분 CD, 선분 AC와 선분 BD처럼 마주 보는 두 쌍의 변이 서로 평행한 사각형이 바로 평행사변형이랍니다.

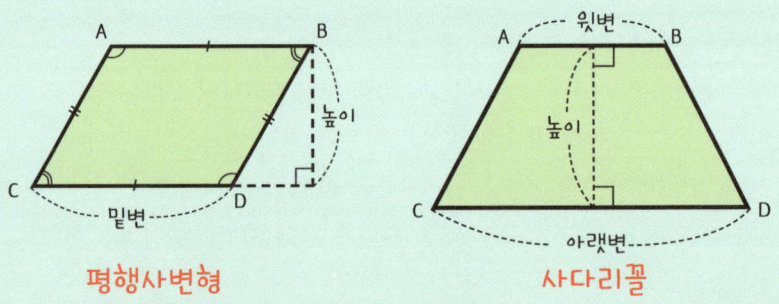

평행사변형   사다리꼴

옆의 그림은 조금 다르지요? 선분 AB와 선분 CD는 평행하게 가는 반면 선분 AC와 선분 BD는 앞으로 나아가다 보면 곧 만나겠지요.
이렇게 마주 보는 한 쌍의 변이 서로 평행한 사각형은 사다리꼴이라고 해요. 생긴 모양이 사다리처럼 생겼기 때문이지요.
또 마름모라는 것도 있어요. 그림처럼 선분 AB, 선분 BC, 선분 CD, 선분 DA

4학년 2학기 3. 다각형

07

평행사변형 平行四邊形
평평할 **평** 갈 **행** 넷 **사** 가장자리 **변** 모양 **형**

두 변씩 서로 평행하게 가는 모양.

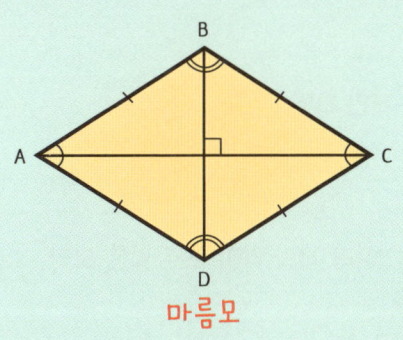
마름모

의 네 변 길이가 모두 같은 사각형을 마름모라고 합니다. 모양이 좀 달라 보일 수 있지만 정사각형도 마름모에 속해요. 네 변의 길이가 같은 사각형이 정사각형이니까요.

다각형 가운데 **정다각형**(正多角形)은 '바른 다각형'이라는 뜻이지요. 변의 길이가 모두 같고 각의 크기도 모두 같은 다각형입니다.

그래서 네 변의 길이가 모두 같고 네 각이 모두 90도로 같은 사각형은 '정사각형(正四角形)'이지요. 또 세 변의 길이가 모두 같고 세 각이 모두 60도인 삼각형은 '정삼각형(正三角形)'입니다.

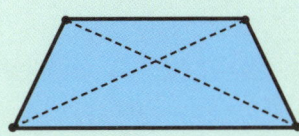 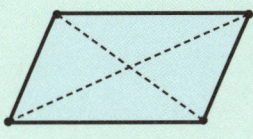 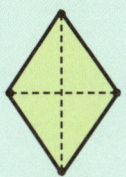 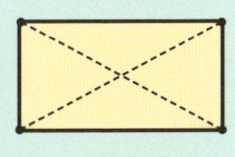

대각선(對角線)은 '각이 서로 대립하는 선'이라는 뜻이지요. 위 그림에서 보이는 점선처럼 마주 보는 각끼리 잇는 선분을 말합니다.

195

용어	한자	뜻
다각형	多(많을 다) 角(각 각) 形(모양 형)	각이 여러 개인 모양.
삼각형	三(셋 삼) 角(각 각) 形(모양 형)	각이 세 개인 모양.
사각형	四(넷 사) 角(각 각) 形(모양 형)	각이 네 개인 모양.
오각형	五(다섯 오) 角(각 각) 形(모양 형)	각이 다섯 개인 모양.
정다각형	正(바를 정) 多(많을 다) 角(각 각) 形(모양 형)	여러 개의 각이 모두 같은 모양.
대각선	對(마주할 대) 角(각 각) 線(선 선)	서로 마주 보는 각끼리 이은 선.

이상 以上　거느리고 있는 것 위.
거느릴 **이**　위 **상**

135, 135.2, 143.5, 149 등과 같이 135보다 크거나 같은 수를 135 이상인 수라고 합니다.

이하 以下　거느리고 있는 것 아래.
거느릴 **이**　아래 **하**

100, 99.5, 98, 97.9 등과 같이 100보다 작거나 같은 수를 100 이하인 수라고 합니다.

초과 超過　어떤 것을 지나쳐 넘는 것.
넘을 **초**　지날 **과**

미만 未滿　어떤 것에 미치지 못한 것.
아직 **미**　가득 찰 **만**

이상(以上)은 '거느리고 있는 것과 그 위'라는 뜻이죠. 그래서 3 이상이라고 하면 3부터 시작해서 3보다 큰 모든 수를 말합니다.

이하(以下)는 '거느리고 있는 것과 그 아래'라는 뜻입니다. 그래서 3 이하라고 하면 3부터 시작해서 3보다 작은 모든 수고요.

미만(未滿)은 '어떤 것에 미치지 못한 것'이지요. 그래서 3 미만이라고 하면 3보다 작은 수입니다. 3은 포함하지 않는답니다.

반대로 **초과**(超過)는 '어떤 것을 지나쳐 넘는 것'이라는 뜻입니다. 그래서 3 초과라고 하면 3보다 큰 수입니다. 3은 포함하지 않고요.

5학년 1학기 1. 약수와 배수

약수 約數 — 어떤 수를 똑같이 묶어서 줄인 수.
묶을 **약** 수 **수**
다발 지을 **약** 셀 **수**

배수 倍數 — 어떤 수를 곱해서 만든 수.
곱할 **배** 수 **수**
셀 **수**

공약수 公約數 — 두 수에 공통적인 약수.
공평할 **공** 묶을 **약** 수 **수**
다발 지을 **약** 셀 **수**

최대공약수 最大公約數 — 가장 큰 공약수.
가장 **최** 큰 **대** 공평할 **공** 묶을 **약** 수 **수**
다발 지을 **약** 셀 **수**

공배수 公倍數 — 두 수에 공통적인 배수.
공평할 **공** 곱할 **배** 수 **수**
셀 **수**

최소공배수 最小公倍數 — 가장 작은 공배수.
가장 **최** 작을 **소** 공평할 **공** 곱할 **배** 수 **수**
셀 **수**

10

5학년 1학기 2. 직육면체

직육면체 直六面體
곧을 **직** 여섯 **육** 표면 **면** 물체 **체**

직사각형 6개로 이루어진 물체.

직사각형 모양의 면 6개로 둘러싸인 도형을 이릅니다.

톺아보고 모아읽기

약수(約數)는 '똑같이 묶어서 줄인 수'라는 뜻이에요. 그게 무슨 말이냐고요? 10을 2로 나누면 5가 되지요. 이때 5를 10의 약수라고 하는 거예요. 즉 10을 나누어서 떨어지게 하는 수는 모두 10의 약수랍니다. 그렇다면 10을 나누어떨어지게 하는 수에는 어떤 것이 있을까요?

10 나누기 1은 10이지요. 그래서 1은 10의 약수랍니다.

10 나누기 2는 5지요. 그래서 2는 10의 약수입니다.

10 나누기 5는 2지요. 따라서 5도 10의 약수입니다.

10 나누기 10은 1이지요. 그래서 10도 10의 약수랍니다.

즉 10의 약수는 1, 2, 5, 10의 네 개네요.

약수의 반대는 배수예요. **배수**(倍數)는 '곱한 수'라는 뜻이지요.

10 곱하기 1은 10이지요. 그러니 10은 10의 배수입니다.

10 곱하기 2는 20입니다. 그래서 20도 10의 배수지요.

10 곱하기 3은 30. 그러니 30도 당연히 10의 배수지요.

10 곱하기 4는 40, 10 곱하기 5는 50, 10 곱하기 6은 60. 그래서 40, 50, 60 모두 10의 배수입니다.

배수는 약수와 달라서 무한히 많아요. 끝없이 곱하면 배수가 되니까요.

공약수(公約數)는 '두 수에 공통으로 약수가 되는 수'입니다. 무슨 말인지 살펴볼까요?

10의 약수는 1, 2, 5, 10이지요.

면 面 선으로 둘러싸인 표면.
표면 **면**

실선 實線 실제로 그린 선.
실제 **실** 선 **선**

이번엔 8의 약수를 살펴볼까요? 8의 약수는 1, 2, 4, 8입니다. 그렇다면 10과 8의 약수 가운데 공통으로 들어간 약수는? 1과 2지요. 그래서 1과 2를 10과 8의 공약수라고 합니다. 또 공약수 가운데 가장 큰 수를 두 수의 **최대공약수**(最大公約數)라고 합니다. '가장 큰 공약수'라는 말이지요. 10과 8의 최대공약수는 2입니다.

배수에도 공통된 배수가 있는데, **공배수**(公倍數)라고 합니다. 2의 배수는 2, 4, 6, 8, 10, 12, 14, 16, 18…지요. 3의 배수는 3, 6, 9, 12, 15, 18, 21…입니다. 따라서 2와 3의 공배수는 6, 12, 18…입니다. 공배수 가운데 가장 작은 수를 **최소공배수**(最小公倍數)라고 합니다. '가장 작은 공배수'라는 뜻이지요. 그렇다면 2와 3의 최소공배수는? 바로 6.

점선 點線 점으로 그린 선.
점 점   선 선

아래 그림에서 볼 수 있듯이 보이는 모서리는 **실선**(實線)으로 그리고, 보이지 않는 모서리는 점을 이용해 그렸는데요, 이런 선을 **점선**(點線)이라고 합니다.

모서리는 **면**(面)과 면이 만나는 선분을 이릅니다.

이렇게 **직육면체**(直六面體)의 모양을 쉽게 알아볼 수 있게 실선과 점선을 이용해 그린 것을 겨냥도라고 합니다.

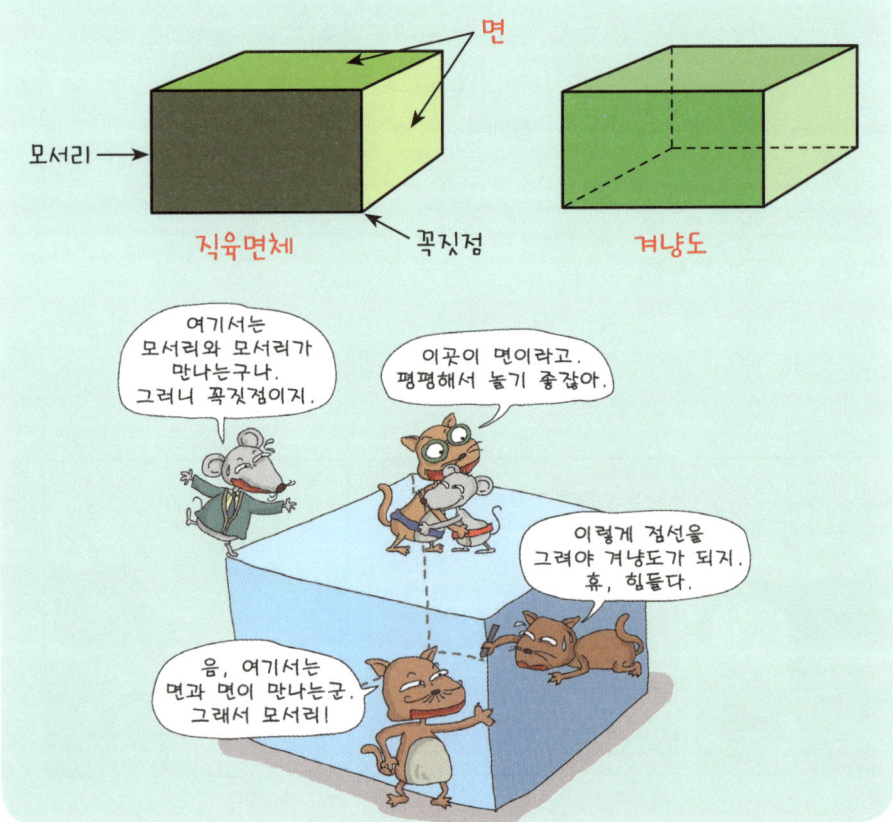

정육면체 正六面體 정사각형 6개로 이루어진 물체.
바를 **정** 여섯 **육** 표면 **면** 물체 **체**

정사각형 모양의 면 6개로 둘러싸인 도형을 이릅니다.

전개도 展開圖 펼쳐서 열어 놓은 그림.
펼칠 **전** 열 **개** 그림 **도**

직육면체나 정육면체는 입체 모양이지요. 이 입체 모양을 평면 모양으로 보기 위해 모서리를 잘라서 펼쳐 놓은 그림이 전개도입니다. 입체 모양을 평면 모양으로 만들려면 당연히 어떤 모서리는 잘라야겠지요. 이때 잘린 모서리는 실선으로 그리고 잘리지 않은 모서리는 점선으로 그린답니다.

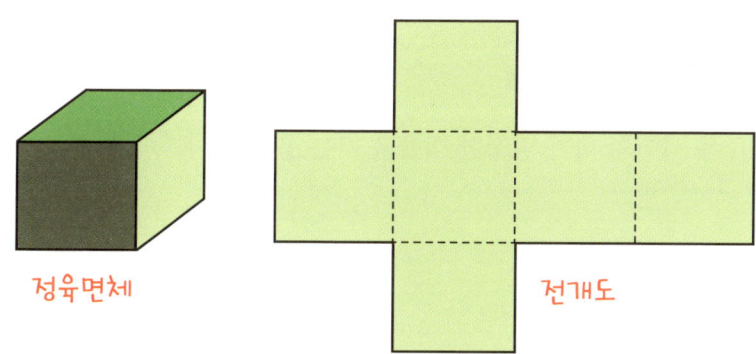

정육면체　　　　　　전개도

5학년 1학기 3. 약분과 통분　**11**

약분 約分 나누어 줄이는 것.
줄일 **약** 나눌 **분**

기약분수 既約分數 모두 줄인 분수.
이미 기 줄일 약 나눌 분 수 수
                              셀 수

통분 通分 분수를 통하게 하는 것.
통할 통 나눌 분

두 개 이상의 분수들의 분모를 같게 하는 것을 이릅니다.

공통분모 共通分母 분모가 공통적으로 같은 것.
함께 공 통할 통 나눌 분 엄마 모

순정률 純正律 순수하게 정확한 비율로 이루어진 것.
순수할 순 바를 정 비율 률

음악에서 두 음 사이의 비가 일정한 비율을 갖는 음율을 이릅니다.

진동수 振動數 — 정해진 시간 동안 움직이는 횟수.
떨 **진**   움직일 **동**   수 **수**
                         셀 **수**

5학년 2학기 1. 소수의 곱셈
5학년 2학기 2. 합동과 대칭
5학년 2학기 6. 자연의 표현

12

환전 換錢 — 돈을 바꾸는 것.
바꿀 **환**   돈 **전**

나라마다 사용하는 돈이 다릅니다. 그리고 그 가치도 조금씩 다르지요. 한 나라의 돈을 다른 나라의 돈으로 바꾸는데, 서로 가치가 같도록 바꾸는 것을 이릅니다.

합동 合同 — 합하면 완전히 똑같은 두 개의 모양.
합할 **합**   같을 **동**

대응점 對應點 — 두 모양을 포개었을 때 함께하는 점.
마주할 **대**   응할 **응**   점 **점**

대응변 對應邊 — 두 모양을 포개었을 때 함께하는 변.
마주할 **대**   응할 **응**   가장자리 **변**

대응각 對應角 — 두 모양을 포개었을 때 함께하는 각.
마주할 **대**   응할 **응**   각 **각**

톺아보고 모아보기

약분(約分)은 '나누어 줄인다, 분수를 줄인다'는 뜻입니다.

$\frac{2}{4}$라는 분수를 볼까요. 이 분수를 소수로 나타내면 0.5예요. 그런데 0.5를 다시 분수로 나타내면 $\frac{5}{10}$이고, 분모와 분자를 같은 수인 5로 나누어 줄이면 $\frac{1}{2}$이 되죠. 따라서 $\frac{2}{4}$와 $\frac{1}{2}$은 똑같은 크기랍니다.

그렇다면 $\frac{2}{4}$를 어떻게 하면 $\frac{1}{2}$로 만들 수 있을까요?

이때 사용하는 방법이 바로 약분이에요. 크기의 변화 없이 분수를 줄이기 위해서는 공약수가 필요해요. 분자와 분모의 공약수를 찾은 후 그걸로 분자와 분모를 나누는 것이지요.

2와 4의 공약수는 1, 2지요. 그 가운데 1로 나누면 나누기 전과 똑같으니까 2로 나누어야 약분이 됩니다.

$$\frac{2 \div 2}{4 \div 2} = \frac{1}{2}$$

그래서 $\frac{2}{4}$는 $\frac{1}{2}$로 약분이 된답니다.

그렇다면 $\frac{2}{7}$라는 분수는 어떻게 약분이 될까요? 2의 약수는 1과 2지요. 반면에 7의 약수는 1과 7입니다. 그래서 2와 7의 공약수는 1뿐입니다.

1로 $\frac{2}{7}$를 약분하면? 1로는 아무리 나누어도 똑같은 수가 되므로, $\frac{2}{7}$가 됩니다. 더 이상 약분이 안 되는 것이지요.

이렇게 분모와 분자의 공약수가 1뿐인 분수를 **기약분수**(既約分數)라고 합니다. '이미 줄인 분수'라는 뜻이지요. 결국 기약분수는 약분을 할 수 없습니다.

이번에는 **통분**(通分)에 대해 알아봅시다.

약분이 분수를 줄이는 것이라면 통분은 '분수를 통하게 만든다'는 뜻이에요. $\frac{1}{3}$과 $\frac{1}{4}$ 가운데 어떤 것이 큰지 언뜻 봐서는 비교하기 쉽지 않아요. 서로 통하지 않기 때문이에요. 이런 경우 두 분수를 통하게 만들면 누가 큰지, 누가 작은지 비교하기도 쉽고, 더하거나 빼기도 쉽답니다. 그래서 통분을 하는 거지요.

통분은 여러 분수의 분모를 같게 만드는 것입니다.

$\frac{1}{3}$과 $\frac{2}{3}$ 가운데 어떤 수가 더 큰지 비교하는 것은 쉽지요.

또 $\frac{1}{5}$과 $\frac{3}{5}$을 더하면 $\frac{4}{5}$가 되는 것도 쉽게 알 수 있습니다.
그러니까 $\frac{1}{3}$과 $\frac{1}{4}$을 통분하기 위해서는 분모를 같게 해야 합니다.
분모를 같게 하려면 어떻게 해야 할까요?
$\frac{1}{3}$은 $\frac{2}{6}$를 약분한 것이지요. $\frac{3}{9}$, $\frac{4}{12}$도 모두 $\frac{1}{3}$과 같습니다.

$$\frac{2}{6} = \frac{2 \div 2}{6 \div 2} = \frac{1}{3}$$

$$\frac{3}{9} = \frac{3 \div 3}{9 \div 3} = \frac{1}{3}$$

$$\frac{4}{12} = \frac{4 \div 4}{12 \div 4} = \frac{1}{3}$$

$\frac{1}{4}$도 $\frac{2}{8}$, $\frac{3}{12}$과 같습니다.

$$\frac{2}{8} = \frac{2 \div 2}{8 \div 2} = \frac{1}{4}$$

$$\frac{3}{12} = \frac{3 \div 3}{12 \div 3} = \frac{1}{4}$$

여기에서 분모가 같은 수를 골라 볼까요?

$$\frac{1}{3} = \frac{4}{12} \qquad \frac{1}{4} = \frac{3}{12}$$

이것이 바로 통분입니다. 분모가 12로 같아져서 쉽게 비교할 수 있게 하는 것이지요. 통분하기 위해서는 두 분수 분모의 최소공배수를 찾아야 합니다. 3과 4의 최소공배수는 12입니다.
또 통분한 분수는 분모가 같아지는데, 이런 분모를 **공통분모**(共通分母)라고 부른답니다. '분모가 공통적으로 같다'는 뜻이지요.

대칭축 對稱軸 대칭을 이루는 기준이 되는 축.
마주할 **대**   맞을 **칭**   굴대 **축**

선대칭도형에서 선을 중심으로 마주 보는 도형이 완전히 겹치게 되는데요. 이를 대칭(對稱)이라고 합니다. 그리고 이때 대칭의 중심이 된 선을 대칭축이라고 하지요.

톺아보고 모아읽기

합동(合同)이란 '합하면 똑같다'는 뜻입니다. 그래서 두 도형을 포개어 맞춰 보았을 때 모양과 크기가 다르거나 어긋남 없이 겹치는 것을 '합동'이라고 해요.

합동인 두 도형은 여러 가지가 겹치는데요. 겹치는 점은 **대응점**(對應點), 겹치는 변은 **대응변**(對應邊), 겹치는 각은 **대응각**(對應角)이라고 한답니다.

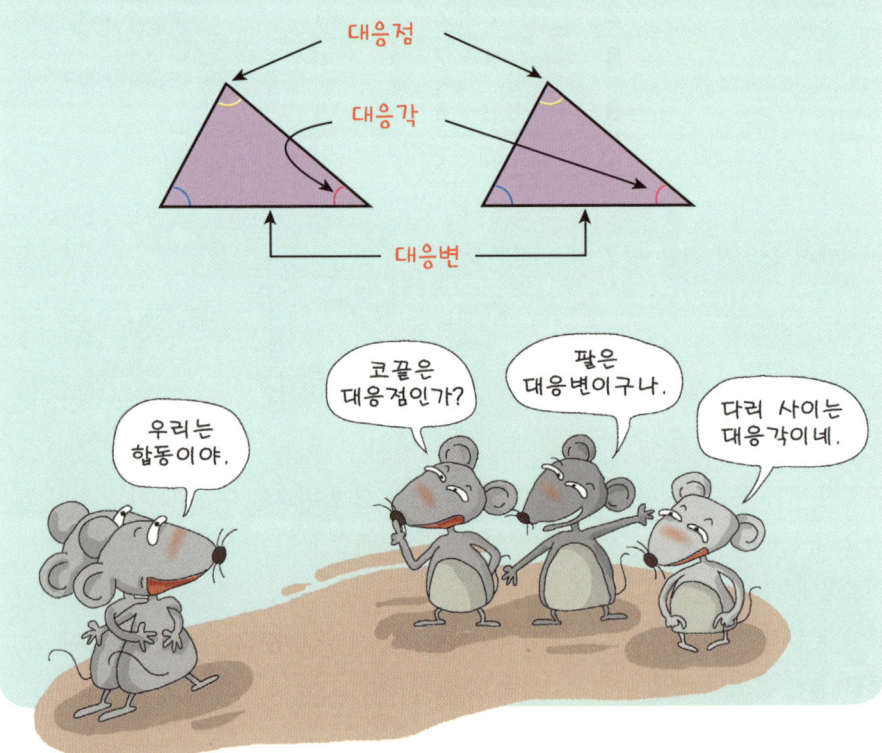

선대칭도형 線對稱圖形
선 **선** 마주할 **대** 맞을 **칭** 그림 **도** 모양 **형**

선을 중심으로 마주 보고 완전히 겹쳐 딱 맞는 도형.

점대칭도형 點對稱圖形
점 **점** 마주할 **대** 맞을 **칭** 그림 **도** 모양 **형**

점을 중심으로 대칭을 이루는 도형.

한 도형을 어떤 점을 중심으로 180도 돌렸을 때 처음의 도형과 완전히 겹치는 것을 점대칭도형이라고 합니다. 이때 중심이 된 점은 '대칭의 중심'이지요.

평균 平均
평평할 **평** 고를 **균**

여러 가지를 합해 고르게 만드는 것.

평균은 (자료 값의 합) ÷ (자료의 수)로 구합니다.

원 : 점대칭도형이다.   삼각형 : 점대칭도형이 아니다.

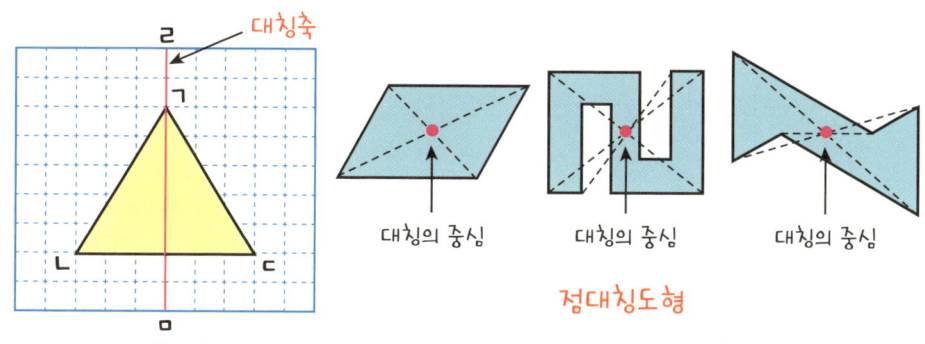

선대칭도형   점대칭도형

13

6학년 1학기 4. 비와 비율

비 比
견줄 **비**
두 가지를 견주어 보는 것.

비율 比率
견줄 **비** 비율 **율**
두 가지를 견주어 그 차이를 비교하는 것.

비교하는 양을 기준량으로 나눈 값이 비율입니다. '비의 값'이라고도 하지요.

비교 比較
견줄 **비** 비교할 **교**
두 개 이상의 것을 견주어 봄.

톺아보고 모아읽기

비(比)라는 한자는 '서로 견주어 보다, 비교하다'는 뜻을 갖습니다.
그래서 3 : 1은 3이 1을 기준으로 몇 배인지 나타내는 비입니다. 3과 1을 비교한다는 뜻이지요.
비율(比率)은 '두 가지를 견주어 그 차이를 비교한다'는 뜻입니다. 비교하려는 양을 기준이 되는 양으로 나눈 값이지요.
이를테면 키가 150cm인 사람을 200cm인 사람에 비교한다면 150 : 200으로 표시하는데요. 이는 곧 150 ÷ 200과 마찬가지랍니다. 이를 분수로 나타내면 $\frac{150}{200}$이 되고 소수로 나타내면 0.75입니다.
백분율(百分率)도 비율과 관계가 있는데요. 백분율은 비율에 100을 곱한 것입니다. 그렇게 하면 소수일 때보다 비교하기가 쉽거든요.
우리가 자주 사용하는 %(퍼센트)가 바로 백분율을 나타내는 기호랍니다.

백분율 百分率
일백 백 나눌 분 비율 율
100을 기준으로 나타낸 비율.

할인율 割引率
쪼갤 할 끌어당길 인 비율 율
쪼개어 줄인 비율.
값을 깎아 주는 비율을 이릅니다.

속력 速力
빠를 속 힘 력
빠르게 달리는 힘의 크기.
→ 41~42p 과학, 5학년 2학기 3. 물체의 빠르기

속력은 정해진 시간에 간 평균 거리를 가리키는데요. 속력 = (이동 거리) ÷ (걸린 시간)으로 구합니다.

비율 0.75에 100을 곱하면 75%가 되지요. 키가 150cm인 사람의 키가 200cm인 사람에 대한 키 비율은 75%입니다.
할인율(割引率)은 정해진 값을 일정 비율만큼 쪼개어 준다는 뜻이에요. 100원짜리 물건을 70원에 준다면 30원을 깎아 준 것이지요. 그렇다면 100(기준량)에 대한 30(비교하는 양)의 비율을 백분율로 나타내면 할인율이 됩니다.

$$30(비교하는\ 양) ÷ 100(기준량) × 100 = 30$$

30%만큼 할인해 주었네요. 할인율은 30%가 됩니다.
비교(比較)도 '두 개 이상의 것을 서로 견주어 본다'는 뜻이고요.

시속 時速   정해진 시간의 빠르기.
시간 시   빠를 속

시속은 1시간 동안에 간 평균 거리인데요. 1시간 동안 평균 60km 가는 속력을 60km/시라고 쓰고 시속 60km라고 읽습니다.

1분 동안에 가는 평균 거리는 분속(分速, 시간 분, 빠를 속)이라고 하는데요. 시속 60km인 차의 분속은? 1분에 1km를 가니까 분속 1km입니다. 또 초속(初速, 빠른 시간 초, 빠를 속)은 1초 동안에 가는 평균 거리를 나타냅니다.

인구 밀도 人口密度   사람이 빽빽한 정도.
사람 인   입구   빽빽할 밀   정도 도

어느 지역에 얼마나 많은 사람이 사는지 나타낼 때 인구 밀도라는 개념을 사용합니다. 인구 밀도는 $1km^2$에 사는 평균 인구를 말하지요.

인구 밀도 = (인구) ÷ (넓이(km^2))로 나타냅니다. 인구 밀도가 100명이라면 $1km^2$에 100명이 산다는 뜻이지요.

14

6학년 1학기   5. 원의 넓이

6학년 2학기   3. 원기둥, 원뿔, 구

구 球   공.
공 구

공처럼 생긴 도형을 이릅니다.

원주 圓周   원의 둘레.
둥근 원   둘레 주

원주율 圓周率
둥근 원　둘레 주　비율 율

원의 지름에 대한 원의 둘레의 비.

원이 크건 작건 원의 지름에 대한 원주의 비는 일정합니다. 이 비의 값을 원주율이라고 하지요. 원주율 = (원주) ÷ (지름)으로 구하는데, 기호로는 π라고 합니다. 원주율을 계산해 보면 3.141592…처럼 나누어떨어지지 않고 끝없이 이어집니다.

> 6학년 2학기 2. 비례식과 비례배분
> 6학년 2학기 5. 정비례와 반비례

15

항 項
항목 항

수학에서 사용하는 단위.

비 3 : 5에서 3과 5를 비의 '항'이라고 하는데요. 기호 : 앞에 있는 3을 전항(前項, 앞 **전**, 항목 **항** : 앞쪽 항목), 뒤에 있는 5를 후항(後項, 뒤 **후**, 항목 **항** : 뒤쪽 항목)이라고 합니다.

비례식 比例式
견줄 비　규칙 례　법 식

두 가지를 견주어 보는 식.

비례의 관계를 식으로 나타낸 것이 비례식입니다. 2 : 3 = 4 : 6이 바로 비례식이지요. 이때 바깥쪽에 있는 두 항 2와 6을 외항(外項, 바깥 **외**, 항목 **항** : 바깥 항목), 안쪽에 있는 두 항 3과 4를 내항(內項, 안 **내**, 항목 **항** : 안쪽 항목)이라고 합니다.

톺아보고 모아읽기

비례(比例)는 '규칙을 견주어 본다'는 뜻인데요. 이 단어가 수학에서는 '두 가지 가운데 한쪽의 양이나 수가 증가하는 만큼 그와 관련 있는 다른 쪽의 양이나 수도 증가하는 것'을 뜻합니다.

정비례(正比例)는 두 가지가 같은 방향으로 변하는 것이지요. 반대로 **반비례**(反比例)는 두 가지가 반대 방향으로 변하는 것을 말합니다.

1시간에 10km를 가는 기차는 2시간에 20km를 가고 3시간에는 30km를 가지요. 이때 기차는 시간이 2배, 3배 늘 때 정비례해서 2배, 3배 움직이는데요. 이를 식으로 나타내면 y(움직인 거리) = 10 × x(움직인 시간)이지요. 그리고 시간과 거리는 정비례한다고 합니다. 이때 10을 **비례 상수**(比例常數)라고 합니다. 기차와 시간이 정비례로 움직일 때 늘 같은 수가 사용되기 때문입니다. 비례 상수는 어떤 상황이냐에 따라 변한다는 사실도 알아 두세요.

반비례는 정비례와는 정반대로 두 가지가 반대 방향으로 변하는 것입니다. 이를테면 시간이 2배, 3배로 늘 때 움직인 거리가 $\frac{1}{2}$배, $\frac{1}{3}$배로 변하는 것이지요.

정비례 正比例 두 양이 서로 같은 방향으로 늘거나 주는 것.
바를 **정** 견줄 **비** 규칙 **례**

비례 상수 比例常數 견주어 볼 때 일정한 수.
견줄 **비** 규칙 **례** 늘 **상** 수 **수** / 셀 **수**

반비례 反比例 두 양이 서로 반대 방향으로 늘거나 주는 것.
반대로 **반** 견줄 **비** 규칙 **례**

국어 國語

愚公移山
어리석을 우 · 공평할 공 · 옮길 이 · 산 산

우공이산 한자의 뜻은 '우공이라는 사람이 산을 옮긴다'는 뜻이에요. 사람이 산을 옮긴다니 어리석고 불가능한 일처럼 보입니다. 그러나 한 가지 일을 끝까지 밀고 나가면 언젠가는 목적을 이룰 수 있다는 뜻이지요. 한자, 어려운데 꼭 알아야 하냐고요? 우리말의 상당수가 한자어인 만큼 하나씩 하나씩 끈기 있게 익히다 보면, 말하기와 글쓰기도 늘고 이해력도 높아진답니다.

3학년 1학기

암송 暗誦 (외울 암, 외울 송) — 외워서 읊음.

실감 實感 (참으로 실, 느낄 감) — 실제인 것처럼 느낌.

문단 文段 (글 문, 구분 단) — 문장들을 모아 구분한 것.

몇 개의 문장이 모여 하나의 중심 내용을 나타내는 글의 부분을 이릅니다.

원료 原料 (근원 원, 재료 료) — 어떤 물건을 만드는 데 들어가는 재료.

소모 消耗 (사라질 소, 쓸 모) — 써서 없어짐.

재활용 再活用 (다시 재, 살릴 활, 쓸 용) — 다시 살려서 씀.
→ 52p 과학, 6학년 1학기 2. 생물과 환경

다 쓰고 버리는 물건의 용도를 바꾸거나 새로운 물건으로 만들어 다시 쓰는 것을 이릅니다.

수거 收去 (거둘 수, 가져갈 거) — 거두어 감.

원인	原因	어떤 일이 일어난 까닭.
	근원 **원** 까닭 **인**	

결과	結果	원인 때문에 일어난 일.
	마칠 **결** 이룰 **과**	

원인(原因)은 '어떤 일이 일어난 까닭'을 뜻합니다. **결과**(結果)는 '원인 때문에 일어난 일'을 뜻합니다. 예를 들어 볼까요.
상한 음식을 먹으면 배탈이 나지요.
이때 배탈이 난 원인은 상한 음식을 먹었기 때문이에요.
또 상한 음식을 먹은 결과 배탈이 난 것이지요.
이렇게 원인과 결과는 연결되어 있답니다.

미생물 微生物 （작을 미, 살 생, 만물 물） 눈으로는 볼 수 없는 아주 작은 생물.
→ 56p 과학, 6학년 2학기 1. 생물과 우리 생활

눈에 보이지 않을 만큼 매우 작은 생물을 이릅니다.

잡균 雜菌 （여러 가지 잡, 버섯 균） 여러 가지가 뒤섞여 깨끗하지 않은 세균.

소음 騷音 （떠들 소, 소리 음） 시끄럽게 떠드는 소리.

여러 사람들이 모여 큰 소리로 떠들거나 싸우는 소리뿐만 아니라, 불규칙하게 뒤섞여 불쾌하고 시끄러운 소리를 이릅니다.

독성 毒性 （독 독, 성질 성） 독이 있는 성분.

---

02 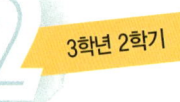 3학년 2학기

문법 文法 （글 문, 법 법） 말소리, 낱말, 문장 등을 쓰는 일정한 규칙.

점자 點字
점 **점** | 글자 **자**

점을 찍어 만든 글자.

앞을 못 보는 시각 장애인들을 위해 튀어나온 점으로 글자를 나타내 손가락으로 더듬어 읽도록 한 문자를 이릅니다.

훈화 訓話
가르칠 **훈** | 이야기 **화**

가르침을 주는 이야기.

바르게 자라도록 도움이 되는 교훈이 담겨 있는 말을 이릅니다.

동정 同情
같을 **동** | 마음 **정**

다른 사람과 마음이 같음.

동정은 '마음이 같다'는 뜻인데요, 남의 어려운 처지를 이해하고 자기 일처럼 딱하고 가엾게 여기는 마음을 이릅니다.

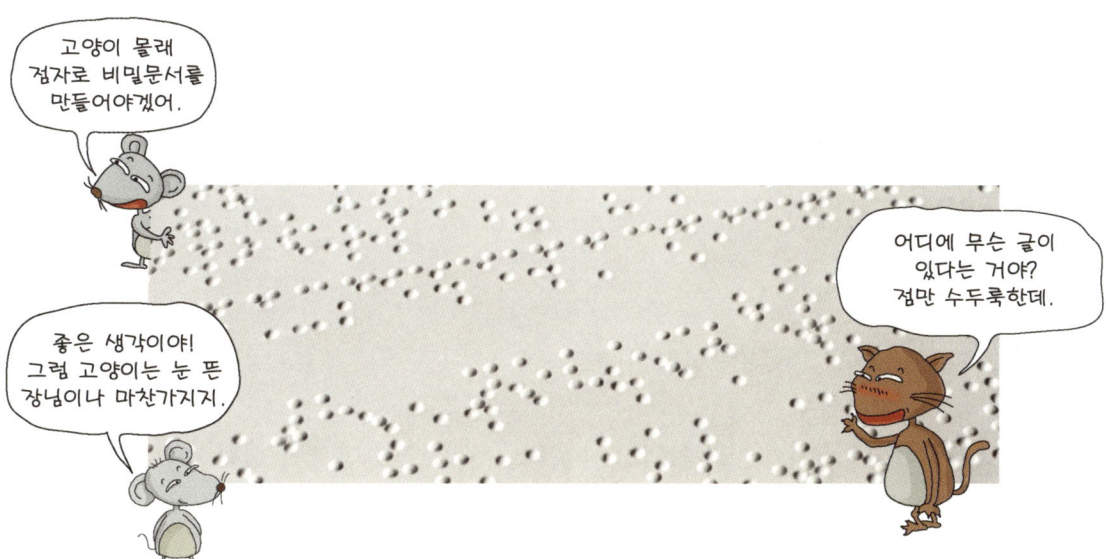

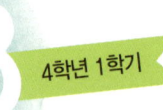

비장	悲壯 슬플 비 씩씩할 장	슬프면서도 그 감정을 억눌러 씩씩하고 꿋꿋함.
수색	搜索 찾을 수 찾을 색	구석구석 뒤져서 찾음.
회의	會議 모일 회 의논할 의	모여서 의논하는 것.
개회	開會 열 개 모임 회	회의를 여는 것.
폐회	閉會 닫을 폐 모임 회	회의를 끝내는 것.

회의(會議)는 '모여서 의논한다'는 뜻입니다. 어떤 문제가 발생했을 때 이 문제를 해결하기 위해 여러 사람이 모여 의견을 나누며 좋은 방법을 찾는 것을 말하지요.

회의를 시작하는 것을 **개회**(開會), 회의를 마치고 끝내는 것을 **폐회**(閉會)라고 합니다. 개회와 폐회는 회의 이외에도 운동 경기나 행사 등을 시작하거나 끝낼 때도 사용합니다. 평창올림픽 개회식, 폐회식처럼요.

국민의례 國民儀禮
나라 국 · 백성 민 · 예식 의 · 예절 례

나라의 백성으로서 갖추어야 할 예식.

대한민국의 국민으로서 국기에 대해 예를 표하고 애국가를 부르며 고개를 숙여 묵념하는 등 예를 갖추는 것을 이릅니다.

초음속 超音速
뛰어넘을 초 · 소리 음 · 속도 속

소리의 속도를 넘어서는 빠르기.

저작권 著作權
지을 저 · 만들 작 · 권리 권

작품을 만든 사람의 권리.

정자 亭子
정자 정 · 물건 자

경치가 좋은 곳에 놀거나 쉬기 위해 지은 집.

청정 淸淨
맑을 청 · 깨끗할 정

마음이 맑고 깨끗함.

미풍 微風
작을 미 · 바람 풍

약하게 부는 바람.

감별사 鑑別師
살펴볼 감 · 구별할 별 · 전문가 사

살펴서 구별해 내는 전문가.

골동품, 보석 등의 가치를 가려내는 일을 전문으로 하는 사람을 이릅니다.

의견 意見 글쓴이나 말하는 이가 어떤 일에 대해 갖는 생각.
뜻 **의** 생각할 **견**

근거 根據 의견의 내용을 뒷받침해 주는 까닭.
사물의 뿌리 **근** 의거할 **거**

의견(意見)은 글을 쓴 사람이나 말을 한 사람이 어떤 일에 대해 갖고 있는 생각을 뜻합니다. **근거**(根據)는 그 생각을 갖게 된 까닭을 가리키지요.

"나는 학교에 스마트폰을 가지고 오면 안 된다고 생각합니다."

만일 현수가 이렇게 발표했다면 이건 현수의 의견이지요.

"왜냐하면 스마트폰을 가지고 있으면 게임을 계속하거나 동영상을 보는 등 공부에 집중할 수 없기 때문입니다."

이건 현수가 스마트폰을 학교에 가지고 오면 안 된다고 생각하는 근거입니다.

"그러니 앞으로 우리 학급에서는 수업 시간에 스마트폰을 선생님께 맡겨 놓으면 어떻겠습니까?"

이건 현수가 자신의 생각을 학급 친구들에게 **제안**(提案)한 것이군요.

| 제안 | **提案** 들어 올릴 **제** 생각 **안** | 다른 사람에게 자신의 생각을 내어놓음. |

| 지평선 | **地 平 線** 땅 **지** 평평할 **평** 선 **선** | 땅과 하늘이 맞닿아 경계를 이루는 선. |

| 화관 | **花 冠** 꽃 **화** 갓 **관** | 꽃부리.
꽃잎 전체를 이릅니다. |

| 역경 | **逆 境** 거스를 **역** 형편 **경** | 일이 순조롭지 않아 매우 어렵게 된 처지나 환경. |

4학년 2학기 **04**

| 표준어 | **標 準 語** 기둥 **표** 기준 **준** 말씀 **어** | 나랏말의 표준이 되는 말. |

한 나랏말의 표준, 즉 기본이 되는 말이에요. 우리나라에서도 각 지방마다 쓰는 말이 다른 경우가 많은데요. 시민들이 모였을 때 각기 다른 말을 사용하면 뜻을 주고받기 힘들겠지요. 그래서 나라마다 표준어를 정해 사용한답니다.

방언 方言   특별한 지방에서만 쓰는 말.
사방 **방** / 말씀 **언**
지방 **방**

각 지방에서만 사용하는 말입니다. 그래서 방언은 지방마다 다른 경우가 대부분입니다. 또 말 가운데는 사투리도 있는데요. 사투리는 '어느 한 지방에서만 쓰는, 표준어가 아닌 말'입니다. 그러니까 사투리는 방언과 비슷하군요.

침해 侵害   침범하여 해침.
침범할 **침** / 해칠 **해**

남의 권리나 재산 따위를 함부로 침범해 손해를 끼치는 것을 이릅니다.

불상 佛像   부처님의 모습을 한 조각상.
부처 **불** / 형상 **상**

축조 築造   건축물이나 시설 등을 쌓아서 지음.
쌓을 **축** / 지을 **조**

축성 築城   성을 쌓음.
쌓을 **축** / 성 **성**

거중기 擧重機   무거운 것을 들어 올리는 기계.
들 **거** / 무거울 **중** / 기계 **기**

조선 시대 정약용이 수원 화성을 쌓는 데 사용하기 위해 도르래의 원리를 이용해 만든 기계입니다.

무형 문화재 無形文化財
없을 **무** · 모양 **형** · 문화 **문** · 될 **화** · 재산 **재**

→ 85p 사회, 4학년 1학기
2. 우리가 알아보는 지역의 역사

형체가 없는 문화재.

눈에 보이지 않지만 역사적, 예술적으로 가치를 품고 있는 문화, 또는 그러한 기술을 가지고 있는 사람을 이릅니다.

유형 문화재 有形文化財
있을 **유** · 모양 **형** · 문화 **문** · 될 **화** · 재산 **재**

→ 85p 사회, 4학년 1학기
2. 우리가 알아보는 지역의 역사

형체가 있는 문화재.

역사적, 예술적 가치를 품고 있는 건물, 회화, 조각, 공예품, 책 따위와 같이 형체가 있는 문화적 유산을 이릅니다.

입춘대길 立春大吉
설 **입** · 봄 **춘** · 큰 **대** · 좋을 **길**

입춘에 큰 운이 들어옴.

봄의 절기(節氣, 철 절, 기후 기)인 입춘(立春)은 봄이 시작됨을 알리는 시기입니다. 봄을 맞이해 집안이 행복하기를 기원하면서 써 붙이는 글귀가 입춘대길이지요.

5학년 1학기

형방 刑房
형벌 형 방 방

형벌과 관련한 직책이나 사람.

조선 시대에 각 지방 관청에서 법률, 소송, 형벌, 감옥, 노비 등에 대한 일을 맡아보던 직책, 또는 사람을 이릅니다.

토의 討議
구할 토 의논할 의

의논해서 찾아 구하는 것.

공동의 문제에 대해 정보와 의견을 서로 주고받은 뒤에 가장 좋은 해결법을 찾는 방식을 이릅니다.

체격 體格
몸 체 격식 격

몸의 겉모습.

톺아보고 모아읽기

체격(體格)은 몸의 겉모습을 이릅니다. 반대로 **체력**(體力)은 몸이 품고 있는 힘이나 능력을 말하지요.

"저 친구는 체격이 매우 좋아. 키가 170센티미터에 몸무게는 70킬로그램이 나가거든."

그렇지만 체격이 좋다고 체력도 좋은 것은 아니랍니다. 몸무게가 너무 많이 나가면 오히려 운동할 때 힘이 들지요.

"저 친구 체력은 대단하다니까. 벌써 한 시간째 달리기를 하고 있는데도 지치질 않아."

이렇게 체격과 체력은 다른 뜻을 품고 있는 단어입니다.

체력 體力 몸이 품고 있는 힘.
몸 **체** 힘 **력**

다의어 多義語 두 가지 이상의 뜻을 가진 한 낱말.
많을 **다** 뜻 **의** 말씀 **어** → 240p 국어, 5학년 2학기

훈수 訓手 가르쳐서 힘을 실어 주는 것.
가르칠 **훈** 힘 **수**

바둑이나 장기 등을 둘 때에 구경하던 사람이 끼어들어 수를 가르쳐 주는 것을 이릅니다.

분수 噴水 물을 뿜어내는 장치.
뿜을 **분** 물 **수**

분석 分析 나누어 밝히는 것.
나눌 **분** 밝힐 **석**

전체를 여러 부분으로 나누어 그 뜻을 밝히는 것을 이릅니다.

분류 分類 나누어 무리 지어 묶는 것.
나눌 **분** 무리 **류**

일정한 기준을 정하고 그 기준에 따라 같은 것끼리 묶어서 설명하는 것입니다.

비교 比較 두 개 이상의 것을 견주어 봄.
견줄 **비** 견줄 **교**

여러 가지 대상을 견주어 설명하는 것을 이릅니다.

대조 對照 맞대어 비춰 봄.
마주할 **대** 비추어 볼 **조**

여러 가지 대상이 갖고 있는 차이점을 찾아 설명하는 것을 이릅니다.

민요 民謠 백성들이 부르던 노래.
백성 **민** 노래 **요**

톺아보고 모아읽기

어떤 대상에 대해 상대방이 쉽게 이해할 수 있게 설명하려면 분석이나 분류, 비교, 대조 같은 여러 가지 방법을 사용해야 합니다.

어떤 대상이 가지고 있는 모든 것을 한꺼번에 설명하려면 어렵지요. 그럴 때는 **분석**(分析)의 방법을 사용하면 좋습니다. 분석은 전체를 여러 부분으로 나누어 그 뜻을 밝히는 것이거든요.

또 **분류**(分類)는 일정한 기준을 정한 후 그 기준에 따라 같은 것은 같은 것끼리, 다른 것은 다른 것끼리 묶어 설명하는 것이에요.

비교(比較)는 여러 가지 대상이 가지고 있는 공통점을 찾아 설명하는 것이고, 반대로 **대조**(對照)는 차이점을 찾아 설명하는 것입니다.

강목 綱目 사물의 근본과 요점을 담은 것.
근본 **강**　요점 **목**

중국 역사책의 이름으로, 《통감강목》을 말합니다.

법첩 法帖 모범이 되는 글귀.
모범 **법**　표제 **첩**
　　　　글귀 **첩**

서예의 모범이 될 만한 옛사람의 글씨체를 돌이나 나무 등에 새긴 것을 이릅니다.

매체 媒體 중간에서 서로 관계를 맺어 주는 물건.
매개할 **매**　물건 **체**

어떤 소식이나 사실을 널리 전달하는 수단으로 책, 편지, 신문, 텔레비전, 라디오, 컴퓨터, 휴대 전화 등이 이에 속합니다. 최근에는 SNS와 같은 매체를 통해 개인 간 친분을 쌓거나 사회적 문제를 접하고 이에 적극 동참하기도 하지요.

주어 主語 문장의 중심이 되는 말이나 단어.
주인 **주**　말씀 **어**

서술어 敍述語 주어를 설명하는 말이나 단어.
차례 매길 **서**　설명할 **술**　말씀 **어**

목적어 目的語 문장의 목적이 되는 말이나 단어.
일컬을 **목**　과녁 **적**　말씀 **어**

호응 呼應 서로 부르고 대응하는 것.
부를 호 응대할 응

활강술 滑降術 비탈진 곳에 미끄러져 내려가는 기술.
미끄러울 활 내릴 강 기술 술

출중 出衆 여러 사람 가운데에서 특별히 두드러짐.
나타날 출 무리 중

톺아보고 모아읽기

올바른 글을 쓰려면 문장의 **구조**(構造, 얽을 구, 지을 조 : 여러 요소를 모아 전체를 만듦)를 알아야 하지요.

가장 기본이 되는 문장의 구조는 **주어**(主語), 즉 문장의 주인이 되는 단어와 **서술어**(敍述語), 즉 주어를 설명해 주는 말이나 단어, 그리고 **목적어**(目的語), 즉 서술어의 대상이 되는 단어로 이루어집니다. 예를 들어 볼까요.

> 나는 밥을 먹는다.

이때 주어, 즉 문장의 주인은 '나'지요. 그래서 주어는 '나'예요.
주어는 어떤 행동을 할까요? 먹습니다. 그래서 서술어는 '먹는다'지요.
나는 무엇을 먹을까요? '밥'을 먹습니다. 그래서 목적어는 '밥'입니다.
그런데 바른 문장이 되려면 '호응'이 이루어져야 하지요. **호응**(呼應)이란 본래는 '부르면 대답하는 것'이에요. 그런데 이 단어가 문장에서도 쓰이지요. 호응은 문장에 어떤 말이 나오면 그에 어울리는 말이 뒤에 나오는 것이에요. 이렇게 말이에요.

나선형 螺旋形 소라의 껍데기처럼 빙빙 비틀려 돌아간 모양.
소라 **나**　돌 **선**　모양 **형**

종루 鐘樓 종을 두었던 다락.
종 **종**　다락 **루**

예전에 시각을 알려 주기 위해 치는 종을 설치해 둔 곳을 종루라고 합니다.

선회 旋回 둘레를 빙글빙글 돎.
돌 **선**　돌아올 **회**

> 나는 그곳에 결코 안 갈 거야.

이때 '결코'라는 말 뒤에는 반드시 부정의 뜻을 가진 말이 와야 해요. 그래서 위 문장은 호응이 이루어진 것입니다.
그런데 다음 문장을 볼까요.

> 나는 집에 결코 갈 거야.

이상하지요? '결코' 다음에는 부정의 뜻을 가진 말이 와야 하는데, 긍정의 뜻을 가진 말이 왔기 때문에 호응이 이루어지지 않았어요. 그러니 읽으면 이상할 수밖에 없지요.
이런 것이 문장의 호응이랍니다.

| 추론 | **推論** 추측할 추 / 말할 론 | 이미 알려진 정보를 근거로 삼아 새로운 판단을 이끌어 내는 것. |

| 필사 | **筆寫** 연필 필 / 베낄 사 | 베끼어 씀. |

| 동국통감 | **東國通鑑** 동쪽 동 / 나라 국 / 꿰뚫을 통 / 살필 감 | 동쪽 나라를 꿰뚫어 살피는 역사서. |

조선 시대, 1484년에 서거정 등이 편찬한 역사책입니다.

| 공회당 | **公會堂** 공공 공 / 모임 회 / 집 당 | 여러 사람이 모임 등을 할 때에 사용하기 위해 지은 집. |

| 사회장 | **社會葬** 단체 사 / 모임 회 / 장례 장 | 사회적으로 공로가 큰 사람이 죽었을 때에 여러 사회단체가 서로 합동해 치르는 장례. |

| 상여 | **喪輿** 죽을 상 / 수레 여 | 죽은 사람을 실어 묘지까지 나르는 도구. |

| 장지 | **葬地** 장례 장 / 땅 지 | 죽은 사람을 묻는 땅. |

| 숭례문 | **崇禮門** 존중할 숭 / 예절 례 / 문 문 | 예절을 존중하는 문. |

대한민국 국보 제1호로 남대문이라고도 합니다.

기우제 祈雨祭
빌 기 · 비 우 · 제사 제

오랫동안 비가 오지 않을 때 비 오기를 빌던 제사.

기우제(祈雨祭)는 비가 오지 않아 가뭄이 들 때 하늘에 비를 내려 달라고 기도하며 드리는 제사입니다. 오늘날에도 가뭄이 오래 계속되면 온 나라가 고통을 받지요. 하물며 댐과 같은 물을 보관하는 시설이 부족했던 옛날에는 가뭄이 길어지면 큰일이었습니다. 그래서 기우제는 지역별로도 지냈지만 조정에서 임금이 참가해 지내기도 했습니다.

반대로 비가 너무 많이 와서 물난리로 고통을 겪을 때는 비가 그치기를 바라며 **기청제**(祈晴祭)를 지내야 했습니다. 청(晴)은 '개다, 비가 그치다' 같은 뜻을 갖는 글자입니다. '쾌청(快晴)하다' 같은 단어에 쓰이지요.

기청제 祈晴祭
빌 기 / 갤 청 / 제사 제
장마가 걷히고 날이 개기를 빌던 제사.

석축 石築
돌 석 / 쌓을 축
돌을 쌓음.

땅을 깎거나 흙을 쌓아 생기는 비탈이 흙의 압력으로 무너져 내리지 않도록 돌을 쌓아 만든 벽을 이릅니다.

중층 重層
여러 중 / 층 층
여러 층.

도성 都城
도읍 도 / 성 성
나라에서 으뜸가는 도읍지.

문루 門樓
문 문 / 다락 루
궁문, 성문 등의 바깥문 위에 지은 다락집.

녹둔도 鹿屯島
사슴 녹 / 언덕 둔 / 섬 도
두만강이 동해와 만나는 하구에 자리 잡은 둘레 8킬로미터의 섬 이름.

훈민가 訓民歌
가르칠 훈 / 백성 민 / 노래 가
백성을 가르치는 노래.

조선 시대에 송강 정철이 백성의 바람직한 행동을 이끌기 위해 지은 시조입니다.

견문 見聞 — 여행을 하며 보거나 들어서 알게 된 것.
볼 견 / 들을 문

감상 感想 — 보고 들은 것에 대한 생각이나 느낌.
느낄 감 / 생각할 상

기행문 紀行文 — 여행을 통해 얻은 견문과 감상을 쓴 글.
기록할 기 / 여행 행 / 글 문

악성 樂聖 — 성인이라고 이를 정도로 뛰어난 음악가.
음악 악 / 성인 성

귀면와 鬼面瓦 — 귀신의 얼굴을 그린 장식 기와.
귀신 귀 / 얼굴 면 / 기와 와

귀면와는 잡귀나 재앙을 막기 위해 지붕에 얹었던 기와를 이릅니다.

기행문(紀行文)은 '여행을 다니며 느낀 점이나 배운 점 등을 기록한 글'입니다.

기행문을 잘 쓰기 위해서는 견문을 넓히고 보고 느낀 **감상**(感想)을 잘 기억하는 것이 중요합니다.

견문(見聞)은 '보고 듣는다'는 뜻인데요, 여행을 하면서 처음 접하는 내용을 보고 듣는 것을 가리켜 '견문을 넓힌다'고 하지요.

발언권 發言權 회의나 모임에서 자신의 의견을 말할 권리.
드러낼 **발** 말씀 **언** 권리 **권**

선의 善意 착한 뜻.
착할 **선** 뜻 **의**

감기 感氣 좋지 않은 기운이 몸 안에 들어온 느낌.
느낄 **감** 기운 **기**

코나 목구멍, 기관지 등의 호흡기 계통에 생기는 질병을 이릅니다.

독감 毒感 좋지 않은 독이 몸 안에 들어온 느낌.
독 **독** 느낄 **감**

고령화 사회 高齡化社會
높을 **고** 나이 **령** 될 **화** 모일 **사** 모일 **회**

할머니, 할아버지가 전체 인구 가운데 7퍼센트 이상인 사회.

출산율 出産率 아이를 낳는 비율.
태어날 **출** 낳을 **산** 비율 **율**

일정 기간에 태어난 아이가 전체 인구에서 차지하는 비율을 이릅니다.

저출산 低出産 아이를 적게 낳음.
낮을 **저** 태어날 **출** 낳을 **산**

보행	步行 걸음 보　갈 행	걸어서 가는 것.
대소사	大小事 큰 대　작을 소　일 사	크고 작은 일을 통틀어 이르는 말.
은어	隱語 숨길 은　말씀 어	자기네 구성원끼리만 알아듣게 사용하는 말.
유행어	流行語 떠돌 유　갈 행　말씀 어	사람들이 어느 한 시기에 많이 사용하는 말.
동형어	同形語 같을 동　모양 형　말씀 어	글자는 같지만 뜻은 다른 낱말.
다의어	多義語 많을 다　뜻 의　말씀 어	두 가지 이상의 뜻을 가진 한 낱말.
비속어	卑俗語 천할 비　천박할 속　말씀 어	예절에 어긋나게 대상을 낮추거나 품위 없이 천한 말.
세정제	洗淨劑 씻을 세　깨끗할 정　약 제	깨끗하게 씻어 주는 약제.

은어(隱語)는 '뜻을 숨겨서 하는 말'이에요. 그러니까 다른 사람들이 알아들을 수 없도록 자기들끼리만 쓰는 말이지요.
비속어(卑俗語)는 '천한 말'을 가리키는데요. 욕설 따위가 이에 속합니다.
유행어(流行語)는 어느 한 시기에 많이 사용하는 말이지만 세월이 흐르면 잘 사용하지 않게 됩니다.
동형어(同形語)는 '글자는 같지만 뜻은 다른 말'입니다. 낮이 지나면 오는 '밤'과 먹는 열매인 '밤'은 동형어지요. 그 외에도 동형어는 무척 많답니다.
한편 **다의어**(多義語)는 '여러 가지 뜻을 품고 있는 낱말'을 가리킵니다.
동형어와 다의어는 글자가 같은 낱말이기 때문에 헷갈리기 쉬운데요. 사전을 보면 동형어는 따로 구분해서 실려 있어요. 이렇게 말이지요.

> **1. 밤**
> 1) 해가 진 뒤부터 동이 트기 전까지의 동안
> 2) 고통스럽고 막막한 상태를 비유적으로 이르는 말
> **2. 밤**
> 밤나무의 열매

반면에 우리가 '산에 오르다' 할 때 사용하는 '오르다'는 다의어인데요. 이 단어를 사전에서 찾으면 이렇게 쓰여 있습니다.

> **오르다**
> 1) 높은 곳에 가기 위해 움직이다.
> 2) (음식이나 식재료가 밥상에) 놓이게 되다.
> 3) (무엇이) 어떤 표면 위로 두둑하게 솟다.
> 4) (무엇이 문서에) 기록으로 적히다.
> 5) (값이나 수치가) 이전보다 많아지거나 높아지다.

이렇게 '오르다'라는 낱말은 뜻이 여러 가지지요. 그래서 '오르다'는 다의어입니다. 앞서 살펴본 '1. 밤'에도 두 가지 뜻이 있으니 다의어인 셈이네요.

수용적 읽기 태도 — 受容的―態度
받아들일 **수**　받아들일 **용**　~의 **적**　모습 **태**　법도 **도**

글의 내용을 받아들이면서 읽는 태도.
상대방의 주장이나 글이 주장하는 내용을 받아들이는 태도입니다.

비판적 읽기 태도 — 批判的―態度
바로잡을 **비**　판단할 **판**　~의 **적**　모습 **태**　법도 **도**

글의 내용이 적절한지 생각하며 읽는 태도.
상대방의 말이나 글 속의 주장을 따져 보아 옳은 것은 옳다고 그른 것은 그르다고 평가하는 태도입니다.

산괴 — 山塊
산 **산**　흙덩어리 **괴**

산줄기에서 따로 떨어져 있는 산의 덩어리.

후환 — 後患
뒤 **후**　근심 **환**

어떤 일로 말미암아 뒷날 생기는 걱정과 근심.

비유 比喩
견줄 비 / 깨우칠 유

빗대어 깨우치게 함.

어떤 현상이나 사물을 직접 설명하지 않고 비슷한 현상이나 사물에 빗대어 표현하는 것을 이릅니다.

어부지리 漁父之利
고기 잡을 어 / 아버지 부 / ~의 지 / 이익 리

어부의 이익.

두 사람이 싸우고 있는 사이에 제삼자가 이익을 얻는다는 것을 비유적으로 표현한 말입니다.

관점 觀點
볼 관 / 평가 점

무언가를 바라보거나 평가하는 위치.

사물을 살펴볼 때 그것을 바라보는 방향이나 생각하는 입장을 이릅니다.

면담 面談
얼굴 면 / 이야기할 담

얼굴을 마주 보며 이야기를 나눔.

직접 만나 물어보며 조사하는 방법입니다.

다문화 多文化
많을 다 / 문화 문 / 될 화

다양한 문화.

한 나라나 사회 안에 여러 민족의 문화적 요소가 섞여 있는 것을 이릅니다.

광고 廣告
넓을 광 / 알릴 고

세상에 널리 알림.

과장 광고 誇張廣告
자랑할 **과** 크게 할 **장** 넓을 **광** 알릴 **고**

상품이 가지고 있는 기능을 실제보다 부풀리는 광고.

광고(廣告)는 '세상에 널리 알린다'는 뜻인데요. 요즘은 대부분 상품을 더 많이 팔기 위해 소비자에게 알리는 수단으로 쓰이고 있습니다.

그러다 보니 상품을 더 많이 팔기 위해 상품이 가진 특징이나 가치를 부풀려서 광고하는 경우가 있는데, 이를 **과장 광고**(誇張廣告)라고 합니다.

과장 광고보다 더 나쁜 광고에는 **허위 광고**(虛僞廣告)가 있지요. 허위 광고는 거짓말을 이용해 광고하는 것입니다.

이에 비해 **공익 광고**(公益廣告)는 상품을 팔아 이익을 얻기 위해서 하는 광고가 아니라 '공공의 이익을 위해서 하는 광고'입니다. 선거에 적극적으로 참여하자는 선거 캠페인 광고, 손을 자주 씻어서 감기를 예방하자는 의료 광고 등이 공익 광고에 속합니다.

허위 광고 虛僞廣告
없을 허　거짓 위　넓을 광　알릴 고

사실과 다른 자료나 정보를 사용하는 광고.

공익 광고 公益廣告
공적인 공　유익할 익　넓을 광　알릴 고

건강 증진, 교육 환경 개선, 환경 보호 등 공공의 이익을 목적으로 만든 광고.

매진 賣盡
팔 매　다 없어질 진

다 팔려서 더 이상 팔 것이 없음.

임박 臨迫
임할 임　닥칠 박

어떤 일을 할 때가 가까이 다가옴.

고유어 固有語
한결같을 고　있을 유　말씀 어

우리말에 본디부터 있던 낱말이나 그것을 바탕으로 해 새로 만든 낱말.

오래전부터 우리 겨레가 사용하던 말을 이릅니다. 우리가 사용하는 많은 말이 고유어지요.

한자어 漢字語
중국 한　글자 자　말씀 어

한자를 바탕으로 해 만들어진 낱말.

한자를 바탕으로 만들어 사용하는 말을 이릅니다. 달구지나 수레라는 말이 고유어라면 차량(車輛), 기차(汽車) 따위는 한자어인 셈이지요.

외래어 外來語
외국 **외** · 올 **래** · 말씀 **어**

다른 나라의 말이 들어와서 우리말처럼 쓰이는 낱말.

최근에는 서양에서 들어온 말이 많이 사용되는데요. 이런 말은 외국에서 들어와 우리말처럼 쓰이기 때문에 외래어(外來語), 즉 외국에서 들어온 말이라고 합니다. 버스(Bus)나 트럭(Truck) 따위가 외래어입니다.

피란 避亂
피할 **피** · 난리 **란**

난리를 피해 옮겨 감.

파다 播多
퍼뜨릴 **파** · 많을 **다**

소문 등이 널리 많이 퍼짐.

인해 전술 人海戰術
사람 **인** · 바다 **해** · 싸울 **전** · 꾀 **술**

많은 병력을 이용해 적을 물리치는 전술.

천혜 天惠
하늘 **천** · 은혜 **혜**

하늘이 베푼 은혜. 자연의 은혜.

동국정운 東國正韻
동쪽 **동** · 나라 **국** · 바를 **정** · 소리 **운**

동쪽 나라, 즉 '우리나라의 바른 소리'라는 제목의 책.

세종 때, 통일되지 않아 혼란스러웠던 한자음을 바로잡기 위해 만든 책입니다.

격언 格言
격식 **격** · 말씀 **언**
표준 **격**

인생의 교훈이 될 만한 짧은 말.

인생에 대한 교훈이나 경계 등을 간결하게 표현한 짧은 글을 이릅니다.

| 자정 | 自淨 (스스로 자, 깨끗할 정) | 스스로 깨끗해짐. |

| 안식처 | 安息處 (편안할 안, 쉴 식, 장소 처) | 편안히 쉬는 장소. |

| 낭송 | 朗誦 (소리 높이 낭, 외울 송) | 글을 소리 내어 외거나 읽음. |

| 운율 | 韻律 (소리 운, 가락 율) | 글의 소리와 가락. |

시 따위에서 단어의 배열과 글자의 발음으로 일정한 리듬감을 만들어 내는 것을 이릅니다.

| 허송세월 | 虛送歲月 (없을 허, 보낼 송, 해 세, 달 월) | 하는 일 없이 세월을 보냄. |

| 진상 | 進上 (드릴 진, 임금 상) | 지역의 토산품을 임금에게 바치는 일. |

| 당초문 | 唐草紋 (당나라 당, 풀 초, 무늬 문) | 당나라에서 들어온 풀 무늬. |

여러 가지 덩굴이 꼬여서 뻗어 나가는 모양의 무늬를 이릅니다.

| 갈등 | 葛藤 (칡덩굴 갈, 등나무 등) | 칡덩굴과 등나무가 꼬인 것처럼 의견이나 뜻이 서로 다른 상태. |

| 동화 | 童話 | 어린이를 위한 이야기. |

아이 **동**　이야기 **화**

| 희곡 | 戱曲 | 연극 대본. |

연극 **희**　가락 **곡**

연극을 하기 위해 대사를 중심으로 쓴 글인데요. 해설, 대사, 지문으로 되어 있습니다.

6학년 2학기 08

| 벌목 | 伐木 | 숲의 나무를 벰. |

벨 **벌**　나무 **목**

| 묘목 | 苗木 | 나무의 싹이 되는 어린나무. |

싹 **묘**　나무 **목**

| 고수 | 鼓手 | 북을 치는 사람. |

북 **고**　사람 **수**

| 엄동설한 | 嚴冬雪寒 | 눈 내리는 한겨울의 심한 추위. |

심할 **엄**　겨울 **동**　눈 **설**　찰 **한**

관용 표현 慣用表現
익숙할 관 / 쓸 용 / 밝힐 표 / 나타낼 현

원래의 뜻과는 다른 새로운 뜻으로 굳어져 쓰는 표현.

관용어와 속담 등이 포함됩니다.

공출 供出
바칠 공 / 내보낼 출

다른 사람에게 바치기 위해 물건을 보내는 것.

징용 徵用
부를 징 / 쓸 용

사람을 강제로 불러내어 필요한 곳에 씀.

일제 강점기에 일본 제국주의자들이 조선 사람을 강제로 동원해 부리던 일을 이릅니다.

불령선인 不逞鮮人
아닐 불 / 멋대로 할 령 / 고울 선 / 사람 인

불온한 조선 사람.

일제 강점기에 일본 제국주의자들이 자기네 말을 따르지 않는 한국 사람을 이르던 말입니다. 여기에서 선(鮮)은 조선(朝鮮)을 뜻합니다.

성인군자 聖人君子
성스러울 성 / 사람 인 / 임금 군 / 사람 자

배움이 많고 성품이 훌륭해 다른 사람들의 우러름을 받는 사람.

동상 銅像
구리 동 / 형상 상

구리 또는 청동으로 만든 형상.

주석 主席
주인 주 / 자리 석

일부 국가에서 국가나 정당 등의 최고 직위.

| 추서 | **追 敍** 거슬러 올라갈 **추** 품계 줄 **서** | 죽은 뒤에 관등 등을 올리거나 훈장 등을 줌. |

| 빈천 | **貧 賤** 가난할 **빈** 천할 **천** | 가난하고 천함. |

| 의뢰 | **依 賴** 의지할 **의** 힘입을 **뢰** | 남에게 부탁함. |

| 인의 | **仁 義** 어질 **인** 옳을 **의** | 어짊과 의로움. |

| 난중일기 | **亂 中 日 記** 난리 **난** 가운데 **중** 날짜 **일** 기록할 **기** | 난리 가운데 쓴 일기. |

이순신 장군이 임진왜란 기간 동안 기록한 일기입니다. 국보 제76호로 지정되었으며, 세계 기록 유산에 등재되었습니다.

| 고정 관념 | **固 定 觀 念** 굳을 **고** 정할 **정** 볼 **관** 생각 **념** | 마음속에 굳어 있어 쉽게 변하지 않는 생각. |

| 궁기 | **窮 氣** 가난할 **궁** 기운 **기** | 가난하고 어려운 기색. |

| 적선 | **積 善** 쌓을 **적** 착할 **선** | 착한 행동이나 뜻을 거듭 행함. |

찾아보기

ㄱ

가옥 家屋 72
각 角 186, 190
각도 角度 190~191
각도기 角度器 190~191
간식 間食 184
간의 簡儀 84, 128~129
갈등 葛藤 246
감각 기관 感覺器官 44~45
감기 感氣 238
감별사 鑑別師 223
감상 感想 237
갑신정변 甲申政變 156~157
갑오개혁 甲午改革 158~159
강목 綱目 231
개항 開港 151, 154~155
개헌 改憲 171
개회 開會 222
거중기 擧重機 141~142, 226
건습구 습도계 乾濕球濕度計 37
검산 檢算 192
격언 格言 245
견문 見聞 237
견학 見學 87
결과 結果 219

결정 決定 36
결정 結晶 36
경공업 輕工業 108~109
경도 經度 98~99
경상 經床 148
경세유표 經世遺表 142
경운기 耕耘機 74
경쟁 競爭 50~51
경직 耕織 140
경찰서 警察署 87
경함 經函 121
고기압 高氣壓 37~39
고령화 高齡化 94
고령화 사회 高齡化社會 238
고분 古墳 114~115
고분군 古墳群 114~115
고분 벽화 古墳壁畫 115
고속 高速 74
고수 鼓手 247
고유어 固有語 244
고정 관념 固定觀念 249
고조선 古朝鮮 113
곡창 지대 穀倉地帶 156
곤여 만국 전도 坤與萬國全圖 145
곤충 昆蟲 15
공공 기관 公共機關 87

공배수 公倍數 199~201
공사관 公使館 154
공생 共生 50~51
공약수 公約數 199~201
공익 광고 公益廣告 243~244
공전 公轉 31, 46
공정 거래 위원회 公正去來委員會 106
공청회 公聽會 110
공출 供出 248
공통분모 共通分母 204, 206~207
공회당 公會堂 234
과거 科擧 127
과장 광고 誇張廣告 243
관군 官軍 136~137
관립 학교 官立學校 161
관용 표현 慣用表現 248
관점 觀點 242
관찰 觀察 12
관혼상제 冠婚喪祭 130~131
광고 廣告 242~243
광역시 廣域市 86
광원 光源 26
광주 학생 항일 운동 光州學生抗日運動 166
광합성 光合成 33
교가 校歌 96~97
교류 交流 77

교목 校木 96~97
교육청 敎育廳 87
교통도 交通圖 102
교통수단 交通手段 73
교표 校標 96~97
교화 校花 96~97
구 球 212
구석기 시대 舊石器時代 112~113
구연동화 口演童話 70
구조 構造 232
국경 國境 178
국권 피탈 國權被奪 163
국내 총생산 國內總生産 106
국민의례 國民儀禮 223
국유지 國有地 165
국제결혼 國際結婚 95
국제 연합 國際聯合 171
국채 보상 운동 國債報償運動 163~164
국토 國土 100
국회 國會 174~175
군사 정변 軍事政變 171
군수 공장 軍需工場 169
군역 軍役 133~135
군포 軍布 152
굴절 屈折 54
궁기 窮氣 249

251

권문세족 權門勢族　124~125
권익 權益　173
귀면와 鬼面瓦　237
균류 菌類　55~56
근거 根據　224
근시경 近視鏡　53
근육 筋肉　42
금성 金星　30
금속 활자 金屬活字　121~122
급진 개화파 急進開化派　156~157
기공 氣孔　33~34
기관 器官　42, 44
기관 氣管　44
기관지 氣管支　44
기생 寄生　50~51
기생충 寄生蟲　50~51
기압 氣壓　37~39
기약분수 旣約分數　204, 206~207
기우제 祈雨祭　235
기원전 紀元前　114
기청제 祈晴祭　235~236
기체 氣體　55
기포 氣泡　55
기피 시설 忌避施設　88
기행문 紀行文　237
기호 記號　82

남극 南極　17
남북 연석회의 南北連席會議　170
남위 南緯　98~99
남중 南中　62
남중 고도 南中高度　62
낭송 朗誦　246
내항 內項　213
냉방 기구 冷房器具　29
노사 갈등 勞使葛藤　110~111
노폐물 老廢物　43~44
노후화 老朽化　88
녹둔도 鹿屯島　236
농민 봉기 農民蜂起　149

다각형 多角形　194~196
다문화 多文化　242
다문화 가정 多文化家庭　95
다수결 多數決　88, 174
다의어 多義語　229, 239~240
단발령 斷髮令　160
단오 端午　92
단위 분수 單位分數　187~188
답사 踏査　72
당초문 唐草紋　246
대각선 對角線　195~196
대권 항로 大圈航路　179~180
대동여지도 大東輿地圖　144
대물 對物 렌즈　54
대소사 大小事　239
대응각 對應角　205, 208
대응변 對應邊　205, 208
대응점 對應點　205, 208

ㄴ

ㄷ

대장경 大藏經　121~122
대조 對照　230
대첩 大捷　139
대청 大廳　103
대칭축 對稱軸　208~209
대한민국 大韓民國　171
대한 제국 大韓帝國　158
도서관 圖書館　87
도성 都城　236
도체 導體　57~58
도형 圖形　186
독감 毒感　238
독도 獨島　28, 69
독성 毒性　220
동경 東經　98~99
동국정운 東國正韻　245
동국통감 東國通鑑　234
동상 銅像　248
동정 同情　221
동지 冬至　91
동학 東學　150
동학 농민 운동 東學農民運動　158~159
동형어 同形語　239~240
동화 童話　247
둔각 鈍角　191~192
등고선 等高線　83, 102
등압선 等壓線　102
등온선 等溫線　102

망원경 望遠鏡　54~55
매국노 賣國奴　161
매립지 埋立地　52~53
매복 埋伏　167
매연 煤煙　51~52
매진 賣盡　244
매체 媒體　231
면 面　201~202
면담 面談　84, 96, 242
멸종 滅種　16
명절 名節　91
명정 銘旌　68
모스크바 삼국 외상 회의 三國外相會議
　　　169~170
목민심서 牧民心書　142
목성 木星　30
목적어 目的語　231~233
목판 인쇄 木版印刷　122
묘목 苗木　247
무과 武科　127
무선 無線　76
무신 武臣　119
무신 정권 武臣政權　119
무역 貿易　109
무용총 舞踊塚　115~116
무인도 無人島　187
무형 문화재 無形文化財　84~85, 227
문과 文科　127
문단 文段　218
문루 門樓　236
문물 文物　151
문법 文法　220
문신 文臣　119
문자도 文字圖　147~148
문하시중 門下侍中　148

만 灣　77
만행 蠻行　159~160
말초 신경계 末梢神經系　45

문화 文化 80
문화 다양성 선언 文化多樣性宣言 179, 181
문화유산 文化遺産 67
물산 物産 166
물산 장려 운동 物産獎勵運動 166
물질 物質 14
물체 物體 14
미만 未滿 197~198
미생물 微生物 56, 220
미세 微細 먼지 77
미풍 微風 223
민담 民譚 69
민요 民謠 230
민족 자결주의 民族自決主義 166
민주 정치 民主政治 174
민주 항쟁 民主抗爭 173
민화 民畫 146~147

ㅂ

박물관 博物館 179
반도체 半導體 57~58
반비례 反比例 214~215
반사 反射 27
반원친명 反元親明 124
반직선 半直線 184~185
반투명 半透明 27
반포 頒布 128
발광 發光 60
발언권 發言權 238
발해고 渤海考 143~144
발화점 發火點 62~63
방 榜 75
방언 方言 226

방위표 方位表 82
배산임수 背山臨水 103
배설 排泄 44~45
배설 기관 排泄器官 44~45
배수 倍數 199~201
배타적 경제 수역 排他的經濟水域 176~177
백분율 百分率 210~211
백수백복도 百壽百福圖 146~147
백지도 白地圖 66
벌목 伐木 247
범례 凡例 83
범종 梵鐘 70
법 法 174
법원 法院 175~176
법첩 法帖 231
별기군 別技軍 155, 157
병렬 연결 竝列連結 57, 59
병인양요 丙寅洋擾 152, 154~155
병자호란 丙子胡亂 139
병창 竝唱 70
보건소 保健所 87
보급로 補給路 136
보부상 褓負商 140
보시 布施 72
보온 保溫 29
보온병 保溫瓶 29
보청기 補聽器 18
보행 步行 239
본초 자오선 本初子午線 98~99
봉수 烽燧 75
봉수대 烽燧臺 26
봉안당 奉安堂 80
봉화 烽火 26
부농 富農 153
부도체 不導體 57~58

부속 도서 付屬島嶼　176
부정 선거 不正選擧　171
부화 孵化　15
북극 北極　17
북벌론 北伐論　140
북위 北緯　98~99
북학의 北學議　142~143
분단 分斷　173
분류 分類　13, 229~230
분리 分離　22
분모 分母　187~188
분석 分析　229~230
분속 分速　212
분수 分數　187~188
분수 噴水　229
분자 分子　187~188
분포 分布　86
분해자 分解者　46~48
불국사 佛國寺　71
불령선인 不逞鮮人　248
불상 佛像　226
불투명 不透明　27
불평등 조약 不平等條約　153
불화 佛畫　120~121
비 比　210~211
비교 比較　210~211, 229~230
비례 상수 比例常數　214~215
비례식 比例式　213
비무장 지대 非武裝地帶　101
비속어 卑俗語　239~240
비유 比喻　242
비율 比率　210~211
비장 悲壯　222
비파형 동검 琵琶形銅劍　89~90, 114
비판적 批判的 읽기 태도 態度　241

비행기 飛行機　74
빈부 격차 貧富隔差　110~111
빈천 貧賤　249

사각형 四角形　194~196
사고 史庫　140
사대교린 事大交隣　128
사립 학교 私立學校　162
사서삼경 四書三經　148
사암 砂巖　20~21
사유 재산 私有財産　173
사유지 私有地　165
사체 死體　48
사회장 社會葬　234
산괴 山塊　241
산미 증식 계획 産米增殖計劃　165
산성 용액 酸性溶液　40
산업 産業　83
삼각형 三角形　194~196
삼강오륜 三綱五倫　130~131
삼강행실도 三綱行實圖　132
삼국 외상 회의 三國外相會議　169~170
삼국유사 三國遺事　114
삼권 분립 三權分立　174~175
삼림욕 森林浴　23
삼별초 三別抄　120
삼복 三伏　91
삼종지도 三從之道　149
삼천갑자 三千甲子　69
상감 청자 象嵌靑瓷　120~121
상민 常民　133~135
상소문 上疏文　151

상업 商業　83
상여 喪輿　234
상징 象徵　96~97
상태 변화 狀態變化　24
생물 生物　46~47
생산자 生産者　46~48
생태계 生態系　46~47
생태계 복원 生態系復元　48
생태계 평형 生態系平衡　48~49
생태 통로 生態通路　103
생활권 生活圈　102
생활 폐기물 生活廢棄物　52~53
생활 하수 生活下水　53
서경 西經　98~99
서당 書堂　126
서민 庶民　146
서술어 敍述語　231~233
서역 西域　117
서원 書院　152
서찰 書札　75
서학 西學　150
석굴암 石窟庵　71
석등 石燈　117
석빙고 石氷庫　25
석수 石獸　116
석축 石築　236
선대칭도형 線對稱圖形　209
선분 線分　184~185
선사 시대 先史時代　112~113
선의 善意　238
선회 旋回　233
성년식 成年式　80
성리학 性理學　124~125
성 역할 性役割　93~94
성인군자 聖人君子　248

성차별 性差別　93~94
세계화 世界化　173
세균 細菌　55~56
세도 정치 勢道政治　149
세배 歲拜　92
세시 풍속 歲時風俗　89
세정제 洗淨劑　239
세포 細胞　35
소모 消耗　185, 218
소반 小盤　148
소방서 消防署　87
소비자 消費者　46~48
소수 小數　188~189
소수자 少數者　94~95
소수점 小數點　188~189
소음 騷音　87, 220
소학 小學　127
소행성 小行星　31~32
소화 消火　62~63
소화 消化　42, 44
소화 기관 消化器官　42, 44
속담 俗談　70
속력 速力　41~42, 211
속보 速報　75
수거 收去　218
수교 修交　152
수도권 首都圈　86
수력 발전 水力發電　104
수렵도 狩獵圖　115~116
수령 守令　141
수목원 樹木園　23
수목장 樹木葬　81
수분 受粉　34
수색 搜索　222
수생 식물 水生植物　23~24

수선 垂線　192~193
수성 水星　30
수신사 修信使　154, 157
수신호 手信號　76
수용적 受容的 읽기 태도 態度　241
수입품 輸入品　109
수조 水槽　23
수족관 水族館　76
수중보 水中洑　103
수증기 水蒸氣　24~25
수직 垂直　192~193
수질 오염 水質汚染　86
수출품 輸出品　109
수평 水平　22
수표 水標　39
순사 巡査　165
순수비 巡狩碑　116
순정률 純正律　204
순환 循環　43~44
순환 기관 循環器官　43~44
숭례문 崇禮門　234
습도 濕度　37
승병 僧兵　136~137
승용차 乘用車　74
시민 단체 市民團體　88, 96
시사만평 時事漫評　169
시속 時速　212
시해 弑害　159~160
식생활 食生活　78~79
식용 食用　19
신궁 神宮　168
신도시 新都市　86
신미양요 辛未洋擾　152, 154~155
신분 제도 身分制度　132
신사 神社　168

신석기 시대 新石器時代　112~113
신재생 新再生 에너지　104~105
신주 神主　126
신진 사대부 新進士大夫　124~125
신탁 통치 信託統治　169~170
신흥 무인 세력 新興武人勢力　124~125
실감 實感　218
실록 實錄　140
실선 實線　201~202
실학 實學　141~143
실향민 失鄕民　110
심장 心臟　43~44

ㅇ

악성 樂聖　237
안내도 案內圖　67
안식처 安息處　246
암문 暗門　139
암송 暗誦　218
암초 暗礁　177
앙부일구 仰釜日晷　85, 129~130
약분 約分　203, 206~207
약수 約數　199~201
양반 兩班　132, 134~135
양성평등 兩性平等　93~94
양인 良人　132
양천제 良賤制　132
어부지리 漁父之利　242
어진 御眞　84
억 億　190
언문지 諺文志　144
엄동설한 嚴冬雪寒　247
여가 餘暇　86

역경 逆境　225
역관 譯官　133
역사 연표 歷史年表　138
역암 礫巖　20~21
연맹 聯盟　117
연소 燃燒　62~63
연행사 燕行使　141
열량 熱量　184
열하일기 熱河日記　142~143
염기성 용액 鹽基性溶液　40
염생 식물 鹽生植物　23~24
영공 領空　101
영상 映像　66
영점 零點　22
영토 領土　100
영해 領海　100
예각 銳角　191~192
예상 豫想　12~13
오각형 五角形　194~196
옥황상제 玉皇上帝　68
온도 溫度　29
온돌 溫突　78
왜구 倭寇　123
외교권 外交權　161~162
외규장각 外奎章閣　153~154
외래어 外來語　245
외세 外勢　158
외척 外戚　149
외항 外項　213
외환 外換　107
용담유사 龍潭遺詞　151
용매 溶媒　35~36
용액 溶液　35~36
용질 溶質　35~36
용해 溶解　35

우정총국 郵征總局　156
운석 隕石　28
운율 韻律　246
원료 原料　218
원시경 遠視鏡　53
원인 原因　219
원자력 발전 原子力發電　104
원주 圓周　212
원주율 圓周率　213
위 胃　40
위도 緯度　98~99
위산 胃酸　40
위성 衛星　31~32
위치 位置　66
위화도 회군 威化島回軍　125~126
유교 儒敎　130~131
유기 鍮器　68
유래 由來　69
유목 민족 遊牧民族　119
유물 遺物　118
유민 遺民　117~118
유산균 乳酸菌　55~56
유선 有線　76
유언 遺言　118
유원지 遊園地　67
유적 遺蹟　118
유적지 遺蹟地　113
유행어 流行語　239~240
유형 문화재 有形文化財　84~85, 227
육식 동물 肉食動物　48~49
육풍 陸風　37~39
율령 律令　116
은어 隱語　239~240
을미사변 乙未事變　159~160
을사늑약 乙巳勒約　160~161

258

을사오적 乙巳五賊 161
응결 凝結 25~26
의거 義擧 167
의견 意見 224
의관 醫官 133
의궤 儀軌 142, 154
의뢰 依賴 249
의무 교육 義務敎育 172
의병 義兵 136~137
의사 義士 167
의사소통 意思疏通 13
의생활 衣生活 77~79
의식주 衣食住 78~79
이동 移動 67
이민 移民 81
이산가족 離散家族 110
이산화 탄소 二酸化炭素 56
이상 以上 197~198
이암 泥巖 20~21
이양선 異樣船 151, 154~155
이하 以下 197~198
인공 강우 人工降雨 37
인공위성 人工衛星 66
인구 人口 94
인구 밀도 人口密度 212
인권 人權 95
인내천 人乃天 150
인의 仁義 249
인해 전술 人海戰術 245
1인당 국민 총소득 國民總所得 108
일제 日帝 162
일제 강점기 日帝强占期 168
임박 臨迫 244
임오군란 壬午軍亂 156~157
임진왜란 壬辰倭亂 134, 137

입양 入養 92~93
입자 粒子 55
입춘대길 立春大吉 227

ㅈ

자격루 自擊漏 85, 129~130
자명종 自鳴鐘 145
자산어보 兹山魚譜 144
자석 磁石 16~17
자석의 극 極 16~17
자오선 子午線 98~99
자원 고갈 資源枯渴 110~111
자원봉사 自願奉仕 96
자전 自轉 46
자정 自淨 246
자주권 自主權 161~162
작호도 鵲虎圖 146~147
잠수부 潛水夫 76
잡과 雜科 127~128
잡귀 雜鬼 146~147
잡균 雜菌 220
장니 障泥 117
장례 葬禮 80
장지 葬地 234
재상 宰相 126
재생 再生 23
재혼 再婚 92
재화 財貨 106~107
재활용 再活用 52~53, 218
저기압 低氣壓 38~39
저작권 著作權 223
저장 貯藏 32
저출산 低出産 94, 238

259

적도 赤道 99
적선 積善 249
적응 適應 51
전개도 展開圖 203
전구 電球 57~58
전기 회로 電氣回路 57~58
전류 電流 57~58
전법 戰法 136~137
전생 前生 72
전설 傳說 69
전성기 全盛期 116
전자석 電磁石 60
전지 電池 57~58
전차 電車 73
전통장 箭筒匠 70
전항 前項 213
전화 電話 75
절기 節氣 60~61
점대칭도형 點對稱圖形 209
점선 點線 202
점자 點字 221
점토 粘土 82
점토 판 지도 粘土版地圖 82
접객도 接客圖 115~116
접안 接眼 렌즈 54
정다각형 正多角形 194~196
정부 政府 175~176
정비례 正比例 214~215
정사각형 正四角形 186
정상 회의 頂上會議 173
정육면체 正六面體 203
정자 亭子 223
정치 政治 174
제사 祭祀 81
제산제 制酸劑 40~41

제안 提案 224~225
제헌 국회 制憲國會 170~171
조 兆 190
조력 발전 潮力發電 105~106
조선 태형령 朝鮮笞刑令 163
조수 간만 潮水干滿 106
조정 朝廷 119
조총 鳥銃 135, 137
조판 組版 122
종루 鐘樓 67, 233
종묘 宗廟 126
주민 참여 住民參與 88
주생활 住生活 78~79
주석 主席 248
주어 主語 231~233
주유소 注油所 74
주제망 主題網 84
주형 鑄型 122
중력 重力 22
중산층 中産層 110
중심 中心 189
중심지 中心地 82
중양절 重陽節 91
중인 中人 133~135
중추 신경계 中樞神經系 45
중층 重層 236
중화학 공업 重化學工業 108~109
즉위 卽位 163
증기선 蒸氣船 74
증발 蒸發 25~26
증산 작용 蒸散作用 33
지구 地球 30
지구본 地球本 179~180
지구 온난화 地球溫暖化 26
지도 地圖 66

지명 地名   69, 77
지시약 指示藥   40
지열 地熱   105
지주 地主   153
지지 支持   32
지진대 地震帶   178
지층 地層   19, 21
지평선 地平線   225
지형 地形   28, 102
직각 直角   186, 191
직각 삼각형 直角三角形   186
직렬 연결 直列連結   57, 59
직사각형 直四角形   186
직선 直線   184~185
직육면체 直六面體   200, 202
직지심체요절 直指心體要節   123
직진 直進   26
진동수 振動數   205
진상 進上   246
진영 眞影   121
질문지 조사 質問紙調査   97
징용 徵用   248

차 差   184
차례 茶禮   90
차별 差別   81
척화비 斥和碑   153~155
천리경 千里鏡   146
천민 賤民   133~135
천연자원 天然資源   103~104
천왕성 天王星   30
천적 天敵   50

천주실의 天主實義   145
천체 天體   30~31
천체 관측 기구 天體觀測器具   128~129
천혜 天惠   245
첨단 산업 尖端産業   108~109
첨성대 瞻星臺   71
청동 靑銅   89~90
청동기 시대 靑銅器時代   114
청일 전쟁 淸日戰爭   158
청자 靑瓷   120~121
청정 淸淨   223
청진기 聽診器   18
청화 백자 靑華白瓷   148
체격 體格   228
체력 體力   228~229
초가집 草家   90
초과 超過   197~198
초등학교 初等學校   172
초속 初速   212
초식 동물 草食動物   48~49
초음속 超音速   223
초조대장경 初造大藏經   121~122
최대공약수 最大公約數   199~201
최소공배수 最小公倍數   199~201
추론 推論   234
추리 推理   13
추서 追敍   249
축성 築城   226
축소 縮小   66
축조 築造   226
축척 縮尺   82
출산율 出産率   238
출중 出衆   232
측우기 測雨器   38, 129~130
측정 測定   12

칙령 勅令　162
칠백의총 七百義塚　137~138
침해 侵害　226

ㅌ

탄산수 炭酸水　19
탈곡기 脫穀機　89
탐관오리 貪官汚吏　148
탐구 探究　12
탑지 塔誌　119
태양계 太陽系　30
태양 고도 太陽高度　62
태양광 발전 太陽光發電　104~105
택배 宅配　74
토기 土器　117
토성 土星　30
토의 討議　228
통분 通分　204, 206~207
통상 通商　152, 154~155
통신 通信　73
통신사 通信使　140
퇴위 退位　163
퇴적물 堆積物　19, 21
퇴적암 堆積巖　19, 21
투명 透明　27
특사 特使　162

ㅍ

파다 播多　245
판옥선 板屋船　136~137
편견 偏見　81

평균 平均　209
평행 平行　192~193
평행사변형 平行四邊形　194~195
평행선 平行線　193~194
폐백 幣帛　80
폐수 廢水　51~52
폐지 廢紙　22
폐회 閉會　222
포루 砲樓　139
포은 圃隱　68
폭정 暴政　158
표준시 標準時　176~177
표준어 標準語　225
풍기 風旗　39
풍력 발전 風力發電　104~105
풍속 風俗　89
풍속화 風俗畫　146
피란 避亂　245
피마 避馬　68
필사 筆寫　234

ㅎ

학익진 鶴翼陣　135, 137
한복 韓服　78~79
한식 寒食　91
한옥 韓屋　78~79
한자어 漢字語　244
한지 韓紙　78~79
할인율 割引率　210~211
합 合　184
합동 合同　205, 208
항 項　213
항성 恒星　30~31

항일 抗日　166
항일 의병 抗日義兵　163~164
해왕성 海王星　30
해풍 海風　37~39
핵 核　35
핵가족 核家族　92~93
행성 行星　30~31
향교 鄕校　70, 127
허송세월 虛送歲月　246
허위 광고 虛僞廣告　243~244
헌법 憲法　174
헌병 경찰제 憲兵警察制　165
현미경 顯微鏡　54~55
현생 現生　72
혈관 血管　43~44
혈액 血液　43~44
형방 刑房　228
혜성 彗星　31~32
호 號　68
호응 呼應　232~233
호족 豪族　119
호패 號牌　126
호흡 呼吸　43~44
호흡 기관 呼吸器官　43~44
혼례식 婚禮式　72
혼사 婚事　75
혼일강리역대국도지도 混一疆理歷代國都地圖　145
혼천의 渾天儀　84, 128~129
혼합물 混合物　22
홍건적 紅巾賊　124~125
화관 花冠　225
화력 발전 火力發電　104
화산대 火山帶　178
화상 통화 畫像通話　75

화석 化石　20~21
화석 연료 化石燃料　20
화성 火星　30
화성성역의궤 華城城役儀軌　141
화약 和約　156
화조도 花鳥圖　146~147
화포 火砲　136
확대 擴大　66
확대 가족 擴大家族　92~93
환경 環境　47
환경 오염 環境汚染　51~52
환곡 還穀　149
환전 換錢　205
환태평양 環太平洋　178
활강술 滑降術　232
황사 黃砂　103
회의 會議　222
후천 개벽 後天開闢　150
후항 後項　213
후환 後患　241
훈민가 訓民歌　236
훈민정음 訓民正音　128
훈수 訓手　229
훈화 訓話　221
휴게소 休憩所　74
휴대 携帶　75
휴전선 休戰線　101
흡수 吸收　32
흡수 吸水　32~33
희곡 戲曲　247